廢墟少年

被遺忘的高風險家庭孩子們

In Their Teens, In Their Ruins

李雪莉、簡永達／著
余志偉／攝影

目次

PART 2 體制的背叛與救贖

PART 3

推命運的大石

PART 4

衝出創新之路

導讀 他們的廢墟、我們的花園——結構不平等所導致的生命歧異

◎藍佩嘉

你一定見過他們。摩托車從你的房車擦過，跋扈的速度、挑釁的姿勢，你忍不住罵了句髒話。在喧鬧的廟街，年輕黝黑的身體，大汗淋漓跳著八家將，你拉緊了孩子的手，低聲跟他說，要好好讀書，不要像這些大哥哥這樣。

你多少想過他們。在挑學區、買房子的時候，你希望孩子去一個「單純」的環境，不要暴露於一些「不良影響」。你去加油、洗頭的時候，服務你的稚嫩臉孔，在重複的勞動裡顯露老成，你閃過一絲對他們際遇的好奇，但依舊匆匆離去，畢竟我們的人生都已經自顧不暇。

其實，我們都不認識他們。更準確地說，我們習於忽略他們與我們的共同存在。如本書作者群所言，這是兩個平行世界：「當中產家庭的少年開始各式的學習和體驗，甚至護照上蓋滿遊走世界的印記，積極探索自我，為成人生活和職涯累積基礎時，有一群無法好好成長的少年，散落在社會邊緣，甚至早早就進入勞動體系，養活自己。」

《報導者》團隊用溫柔的眼神、流暢的文字，揭露殘酷現實的坑坑洞洞。這些邊緣少年多來自於官方所謂的「高風險家庭」，父母因貧困、失業、重病、入獄、吸毒種種原因，無法照顧家中子女。這些青少年在學校裡不得其所，長期缺課或中輟，他們被迫提早長大，成為最容易受到剝削的少年工。他們在田裡噴農藥、在工廠當搬運工、在夜市叫賣、在髮廊做洗頭小妹、在路邊舉豪宅的宣傳廣告牌，甚至當詐騙集團的小弟。

▼社會脈絡的關鍵作用

我們很容易就把這些經濟困境歸因為個人的能力不足或品德不佳，指責他們「懶惰」、「不學好」，或將貧窮的代間世襲理解為不良視野的繼承，如「貧窮的思維」、「窮人的文化」。本書的生命故事呈現出社會脈絡關鍵的作用：當你每天被物質匱乏壓得喘不過氣，如何能做長遠的規畫；當你在成長過程中時時被否定甚至被譏諷，階級的恥感不斷推倒你好不容易建立的信心。

臺灣的失業率在兩千年後明顯攀升，尤其在金融海嘯後隔年（二〇〇九年）達到高峰，低學歷的中年男性是遭遇失業或不完全就業的高風險群體。經濟全球化的海嘯將勞工階級男性捲入就業不安全的淺灘，同時也影響他們的婚姻穩定或婚配機會。根據中研院社會所鄭雁馨的研究，較早世代的臺灣伴侶，教育程度高者較容易離婚，但對於晚近世代來說，反而是中低教育程度者的離婚比例較高。

本書的許多邊緣兒少來自偏鄉地區。我自己的研究中也發現，由於青壯人口外流嚴重，偏鄉學生多數落入所謂「高風險家庭」的範疇，尤其是跨國婚姻家庭、城鄉分離家庭（父母在城市工作，孩子交給阿嬤帶）及離婚單親家庭（父親在離婚後攜子返鄉與阿嬤同住）。但弱勢青少年其實也有許多成長於既不是偏鄉也不屬於城市的中間地帶，如新北市的城郊，這些社區資源更少、誘惑更多，這些學校得不到偏鄉學校能有的資源挹注，其中的家庭困境更容易受到忽略。「非典型家庭」比例偏高的現象顯示的是，我們不能把「城鄉差異」當作一個獨立因素，因為，那些家庭會被擠壓到城市邊緣與偏鄉地區，本身就是結構不平等的後果。

國家不是沒有相關的制度與資源，但顯然我們的社會安全網有很大的破洞。本書也檢視了相關的社會機構與制度的失靈：為什麼學校沒有「接住」這個孩子？為什麼「中介教育」無法發揮作用？為何「高風險家庭」的通報淪為充滿形式主義的ＫＰＩ？為什麼理應保護邊緣少年的安置機構，竟然成為霸凌或性侵的場所？為什麼勞動法律對於少年工的保護可能適得其反？想要把他們送回學校，卻反將他們推進更受剝削的勞動市場角落？

▼他們需要與社會重新連結

看這本書時，我不時會想起日本導演是枝裕和的電影《無人知曉的夏日清晨》。片中的四個孩子相依為命，在車水馬龍間苟且生存，遺棄他們的，不只是父母，還有社會的集體冷漠。孩子們像陽臺上泡麵碗裡撒下的種子，奮力在廢墟中發出枝枒，在醜陋的世界裡回頭凝視，等待著遙不可及的希望。

這些邊緣少年需要的不是可憐和同情。請記得，他們的廢墟與我們的花園實是結構不平等下的一體兩面。書中提到，學校教育長期以文憑主義掛帥，將「會考試」等同於「有能力」，中產階級父母對於校園事務的積極參與，讓老師集中精力符合優勢家長的期許，更強化了拔尖競爭的主流價值。少子化的人口壓力、小校擔心被廢校，校方更加重視會考成績、才藝優勝。制度與機構不均衡地偏重中產階級與升學主義的價值，強化了對弱勢家庭的漠視與排除。

邊緣少年需要的是「重新與社會和社群連結」。不論是學校、國家與整體社會，我們都有責任面對教育目標與社會價值的過度傾斜，反思如何讓教育達成「把每個孩子帶起來」的目標，讓升學體系中受挫的孩子也能夠累積能力、發展職涯，讓家庭照顧系統失靈的孩子，得到社會支持來重建自信與安全，開展屬於他們的人生。

（本文作者為臺大社會系特聘教授）

前言 看見被拋入廢墟的少年

◎李雪莉

一直到那一夜，搭上少年土豆的改裝車，轟隆的引擎，刺耳的音樂，車屁股放了一盞很炫的七彩霓紅燈，車子在漆黑的鄉間馬路上狂奔，那一刻，我才真正理解這群活在邊緣少年的心情。

我那時與土豆認識一年，曾到過他那家徒四壁的宅院，牆上掛著他父親和阿嬤的遺照；我們陪著他在烈日下噴農藥、下了工去看清涼秀，在他窄仄的單人房裡數著一堆帳單，陪他討論怎麼處理債務整合公司在父親身後、對他寄出的催討信。當時，我以為自己已走進他生命的軌跡了。

直到那夜，意外搭上他飛快開著的車，駕駛座上的他與身旁友人邊打手機邊說著我不太理解的代號，我承認，那一刻，我感到害怕。我緊抓著車上的手把，腦袋裡幻燈片似地冒出了女兒和所愛的人的影像，我突然想著，自己怎麼不負責任地坐上了這臺狂飆且不知去向的車，出事怎麼辦？

從後照鏡裡他似乎看出我的緊張，於是問了我這麼一句：「恁是毋是足驚？」

至今我仍可清晰回憶起土豆問我是不是「足驚」時，心底冒出了的一絲羞愧。因為經過長時間的互動，我常向朋友提起土豆和這群家庭失能「土豆們」的故事，我總描述這群少年仔雖有「豐富的」社會化經驗，但他們年紀輕，可塑性高，如果能提供就業和訓練機會，以及適當的指引，就能給他們更好的未來。當時，有些熱心的小老闆會答覆我：「太社會化的很難帶」、「只要品性好的，沒問題。」這些朋友的回覆，經常讓我感到社會太世故，人們太自我保護。

但那句「恁是毋是足驚」卻把我敲醒。我發現，其實我也跟那些回我話的朋友一般，再怎麼與少年們相處，仍不免論斷，去除不了所有的刻板印象。

兩年前，有機會住在中部一所收容少年的學校，與「回不了家」的少年們一同生活、上課。

來過這裡，才知道政府鼓吹大家生育解決少子困境的話語，有多諷刺。他們從小或被家庭遺棄、或被家人傷害／家暴、家庭裡沒有照顧者，臺灣有一大群兒少，不會被好好照料。

一個又一個悲傷的故事，敲打著我們，逼著我們去揭開這個被忽略的真相。為了對現象做更深刻全面的認識、挖掘個別故事背後共通的結構性問題，《報導者》記者們試圖拼湊底層少年的面貌。我以雲林為核心，輻射到雲嘉南訪談，記者簡永達則集中在台中和花東、特約記者楊智強和張瀞文在臺灣最北與最南端，攝影記者余志偉和林佑恩則上山下海。那時團隊的共識，就是努力從少年的視角看世界，讓沒有發言權的底層少年說自己的故事。

深入臺灣的肌理，走到偏鄉、都市邊緣，或是既不是偏鄉也不屬於城市的中間地帶，與少年少女們對話，他們的生命史一一向我們開展。

夜晚暫住在豬肉攤上的少女；小四就能辨別毒品，為吸毒的家人清洗血漬的男孩；為了生活而去做童工苦力；被詐騙集團吸收到多明尼加犯罪的少年……

我們大量接觸少年們的老師、社工、保護官，他們普遍的感受是社會裡「有愈來愈多痛苦的孩子」，而讓這些大人們傷痛也難解的是：「這些孩子到底是怎麼自己長大的？」

▼他們共通的相似性

一般人是否意識到底層有這麼多痛苦的孩子？貧富落差惡化的統計頻頻出現，是數字讓人無感，還是覺得躍上社會新聞的故事，只是極端個案？

在近兩年的田野經驗裡，愈是縱向深入少年複雜的生命史，愈能發現在這一個個家庭故事裡，有著「共通的相似性」。

過去二十年來，在全球化以及臺灣社會變遷過程中，這些家庭是被劇烈影響及輾壓的一群。這裡頭我們看見全球化如何與我們的國家發展政策，彼此交互作用，形成我們並不陌生的現象：經濟的劇烈轉型、學歷主義至上與學徒制瓦解、大量引進國際勞動力、東南亞婚配市場的浮現。

少年們家庭裡的父執輩，幾乎清一色是底層藍領的失業或就業不穩的男性，當臺灣工廠外移，同時以低價的外籍移工填補勞動力時，這些為數不少的男性落入了薪資微薄的就業大軍，經濟的不穩定，侷限了婚配的選擇，也加速了他們家庭的脆弱化。

從政府統計發現，二〇一一年到二〇一七年，低收入戶與中低收入戶總戶數和人數都不斷升高。戶數從十六萬三千戶增為二十六萬戶，人數則從四十三萬增為六十七萬。[1]

政府最新一次對低收和中低收進行全面調查是在二〇一三年（上一回的調查是二〇〇八年），當時的調查就發現，落入低收與中低收家庭的父母，通常伴隨低教育水平（四七．九％為國中學歷以下）；離婚和分居比例是一般家庭的一倍以上；他們喪偶的比例較高，也更容易貧病。[2]

如果家貧卻能提供穩定的愛，家庭對下一代不見得是負債，反而能淬鍊出家庭成員堅毅的人格。但我們大量的田野也發現，臺灣底層家庭目前失能狀況嚴重，「天下沒有不是的父母」這句話並不適用。這讓在成長中的未成年們，身心難以安頓。

聽少年們斷續地描繪原生家庭，總要拼湊多時，才能窺知全貌。例如被孩子稱為叔叔的這個人，是母親第幾任的男友；那個與孩子住在一起的情侶，是阿公女友的女兒和其男友。有位十七歲的少年告訴我，他中學時，有個男人開著車停在家門口，放下一個孩子，男人一溜煙把車開走了，「那個是我媽媽跟別人生下的弟弟。」而這位男孩曾在夜裡莫名用磚頭砸外籍移工，老師當時判斷是男孩認為母親交了移工男友而心生憤恨。但當我認識男孩一年後，他悄悄告訴我：「我猜想我的爸爸應該是個外勞。」

這些複雜又難以理清的情緒，家庭多次重組的混亂，在各種「父親們」、「親戚們」之間求生，孩子經常不清楚誰是他們的法定代理人，誰能成為他們的照顧者；有時老師和社工為了幫孩子找到寄養家庭或親屬寄養，會提醒失家的孩子，「記得去人家家吃飯，要幫忙打掃洗碗，去做討人喜歡的小孩。」

一個收留中輟少年的老師幾乎是噙著淚水說：「在我這養得高高的，有體力，可以賺錢，（以後）別人會搶著要（收留）的。」

▼繼承貧窮、遠離社會

這些少年們生下來就彷彿拿了一手爛牌，但原生家庭的「貧」與「亂」，只勾勒出少年一部分的處境，更大的結構問題是，他們被有限的機會給「困」住了。

他們難以從社會金字塔的底層向上流動，只能在邊緣遊蕩。

二十年前，臺灣尚有豐富的技職體系，能讓需提早步入社會的少年有個活路；但文憑至上的價值觀及大量中產白領工作出現，過去的技職生態消失，這對少年極為不利，因為一般企業主要求高中以上的學歷。但家庭狀況使他們無法專心求學，進入社會也未能積累正向的工作經驗，結果少年跟他們的父輩一樣在各種體力活裡，丟失了健康。

一般家庭因為少子化，幾乎是父母與祖父母多人關注一、二個孩子；但底層家庭的孩子，手足普遍較多，孩子得到的資源更單薄；我們遇到的少年，比起一般中產小孩承擔了更多家庭照顧的責任，他們被迫提早長大，很早就意識到金錢的重要。

當同齡者有餘裕和條件臚列出自己人生的夢想清單，他們卻不是。同齡者在談課外的才藝學習，他們想的是：怎麼不被酗酒的父親毆打、下一頓飯在哪裡、哪份工作的日領工資高。

對擁有「強連結」的中產家庭，更難以想像底層家庭與社會的「弱連結」。

我在中部訪談到一位與阿嬤同住、父親毒癮身亡而母親不知去向的少女，當時阿嬤隨手拿了一張廢紙，指著我對孫女說：「妳快把阿姨的電話寫下來，有什麼問題可以問阿姨，請教英文也可以。」另一位受訪女孩則是透過 Line 請教我們各種法律問題，原因是舅舅為了爭奪外婆的撫養費，向女孩的母親提告，即便她母親在她十六歲時才現身，她依舊擔心母親處境。我能做的是請律師朋友義務幫女孩看起訴書。「阿姨，真的很不好意思，這樣麻煩妳。」是她每回傳訊息給我時的開場白。我完全可以想像她的掙扎和無助。而這些家庭常常連一張家庭合照都沒有。

「沒有夢想的清單」、「欠缺與社會資源的連結」，讓他們感到被孤立，普遍學習低、自信低、互動低、經常心情受困或有創傷。

▼我們看重的是平等還是公平？

既然原生家庭是龐大的負債，那走出家庭外，社會裡其他的網絡，是否能為他們開闢出其他選項？

此書花了很大的氣力檢視與底層少年相關的教育、社福、社區、司法等體系，盤點目前的政策、制度。究竟這些制度對他們是背叛亦或救贖？我們也從香港、南韓、英國的經驗，說明他們如何培力底層少年？

然而，做為作者，我們的確強烈感受這個社會很少直視弱勢者的多舛；目前的政策，也與少年們和第一線社工、老師、法官的需求有明顯距離。為什麼？

邊緣的孩子不哭不鬧，太習慣在角落，難以被看到。但邊緣的困境之所以持續被漠視，持續被「固化」，與臺灣社會兩種根深柢固的慣性思考，密不可分。

臺灣是個在乎「公平」價值，更甚於「平等」價值的社會，人們在乎公平競爭的遊戲規則，嚮往實力主義，因而對那些無法自己脫困的弱勢階層，欠缺足夠的同理心。由於對「平等」意識的匱乏，我們很少用心思索為少年們「增能」的方法，提供家庭金錢的補助是最大的善意和手段，但至於如何持續協助少年們想像一個可以盼望的人生，似乎不是社會集體的責任。

另一種文化慣性，則是東方社會文化下的「親族式的關照」，對於他者的關心有明顯的「等級」，關注度會因為親疏距離而稀薄，不免直覺地認為，那些遙遠的「他者困境」，與我何涉？

這種以家庭為倫理單位的親族式關照，以及重公平甚於平等的思考慣性，讓我們把問題掃進了個別的家庭、推回了個人的層次，也讓我們習於用金錢和物質補貼的思路快速解決底層問題，而我看到這些老舊的想法正慢慢侵蝕臺灣的底層家庭，尤其是還青春、正發展的下一代。

當我們無法提早為底層少年提供機會，這些「不平等」的遭遇，會讓我們失去每個有潛力的少年，這是社會巨大的消耗和損失。

在採訪的過程中，我幾次感到羞愧。其中一次，是在斗六的雲彩全人關係協會，遇到照顧中輟生的香港社工黃漢滿。

阿滿三十七歲，戴著黑框眼鏡，總是笑容滿滿，很敦厚的人。他因著教會的關係，以服事的心情來到雲彩，擔任夜晚的生輔員。他在這裡教男孩們英文、有時還會跟他們交換日記。

他長住雲林後，認識了這裡，「我想過臺灣有失能家庭的孩子，但不知道這麼多，因為現在接觸到的每個孩子，幾乎都有一個破碎家庭的故事，所以很心疼。有些家長送來後，是完全不會探望他們的。」

他從教會少年們正確的盥洗、開口說簡單英文，到一起攀登高山，像個父親一樣在教自己的孩子。當困難的孩子沒人願意接，當第一線生輔人員幾乎難找時，阿滿在雲林一待就是五年。

他總不厭其煩地對早已被學校和社會貼上重重標籤的少年說，我們彼此不認識，你可以有個新的開始。「這個訊息對他們來說是很重要的，因為他們在學校被看不起，被嫌棄了很多，但在這邊是可以得到一個重新的接納，這是很重要的訊息，所以我們會跟他們說，以前是什麼樣子沒關係，但你來這裡，我希望你用你的行為來告訴我，你是怎麼樣的人。」

和阿滿相比，我們做的還太少。

那一夜坐在土豆的車上，我重新梳理自己。即便我們再努力認識、同理、盡可能不帶偏見地反省，我們的視野仍不免受到障蔽；我們在理解和閱讀他們的故事後，還能轉身回到自己的世界裡生活，但他們卻是每天要絞盡腦汁氣力才能好好活著，那是沒有一分鐘能脫身的命運。

「阮是落土時遇到歹八字」，這是少年們對感嘆八字不好，諷刺人生是命定的話，這是他們對生命的自嘲。那種逐步認知到的無助感，不論再怎麼努力也不會變好，其實是對臺灣社會的諷刺，是因為我們對於兒少權益的照顧和意識不足，給予的機會太過有限，讓他們甚至連吶喊的力氣都失去了。

▼幫他們戰勝困難

法國存在主義哲學家沙特說過，人是被拋擲於世上，無能決定自己出生的家庭與社會位階，但卻可以自由地創造自己。這是我們寫下此書的目的，想帶讀者走入這群被拋入廢墟般狀態少年們的生命處境，讓他們走進公共的視野裡。

少年們能否自由地創造自身的生命，不只是他們的責任，也應該是我們大家共同的承擔。期待社會的網絡與資源能真正傳遞到底層少年，幫助他們戰勝困難。

謝謝在採訪和書寫過程中與我們相遇的少年少女們，你們訴說的故事十分珍貴。尤其是土豆，謝謝你對我們的信任。

謝謝在第一線接住最困難少年與家庭的社工、志工、教育工作者、調查官，特別是蔡坤湖法官、淑媛師母、彭淑華老師、業鑫、文政、皓如、逸彬、漢滿、大華、錦芳、忠義、敬閨、志桓、淑敏、香君、雅玲、梅蘭、雯琪、彥君、佳如、俊雄、劭宇、徐瑜、怡芳、子芸、旺德、典穎、甄徽、好友雅慧、曾世杰與蘇文鈺老師、黃旭田與黃三榮律師，以及在過程中，立委劉建國、蘇巧慧、尤美女、監委王美玉的協助。

謝謝佩嘉為此書寫的導讀。希望這本書能刺激公眾的思考與理解，提供更有活力和培力底層少年的策略。

《報導者》過去三年專注報導不少社會上無聲的群體、以及這個土地默默遭遇的事，我們都相信這個社會沒有人該是工具人，沒有一片土地比另一片土地更沒有價值，都該被好好凝視與重視。這份動心起念與出版此書的衛城出版不謀而合，謝謝編輯們對此書的悉心照料，衛城在出版上，對轉型臺灣所投注的努力，大家也有目共睹。

謝謝在這個主題上，從文字、影像等呈現共同努力過的夥伴，志偉、佑恩、永達、智強、瀞文、禹禛、珍娜、貞樺、法賢、崇任、韋萱、詩芸、子歆、思樺、逸驊、朗熹。

謝謝《報導者》團隊，這三年來一直為好新聞堅守著，在這個沒有人看好新聞產業的年代，你們願意逆時代而行地投身新聞戰場，是很大的勇氣；這裡面，要最感謝在新聞戰役上密切討論、彼此扶持的榮幸、德琳、惠君。這是個眾志成城的事業，你們是最佳的支柱。

《報導者》三歲了，我們仍努力用深度的新聞，守候這塊土地。感謝翁秀琪老師帶領的報導者文化基金會全體董監事，更要感謝童子賢先生和無數捐款者的信任和鼓勵，讓我們有機會耕耘新聞專業這塊田地。

有你們的支持，才有《報導者》；在你們的鞭策下，我們會持續努力地書寫、拍攝出有人味，有證據力，有公共價值的報導。

也期待有更多寫手們，和我們一起燃燒記者魂，向一個更為平等人文、包容多元、跨代正義、美好環境的臺灣邁進。

注釋

1 資料來源：衛福部統計處網站，「低收入戶」及「中低收入戶」官方統計。

2 低收入戶及中低收入戶戶內十五歲以上人口未婚者占四〇・四％，有配偶或同居者占三六・八％，離婚或分居者占一四・一％，高於全體人口之七・七％；喪偶者占八・七％，亦高於全體平均的六・三％。低收入戶及中低收入戶戶內人口最近三個月罹患慢性或重大傷病情形占六成四，而罹病者有一三・五％未治療。資料來源：衛福部，《中華民國一〇二年低收入戶及中低收入戶生活狀況調查報告》，二〇一四年出版。

PART 1 ▶
家庭的流轉與階級的禁錮

他們在都市便利店違法值大夜班、工地當水泥工、凌晨在高海拔山區採高麗菜，
他們沒有機會經歷正常的童年與青春。
當臺灣每年出生不到二十萬個孩子，落入底層的少年卻愈來愈多，
有近兩萬名高風險家庭的少年長期處於貧窮，
而有三萬多名童工和少年工，很小就得開始養活自己。

他們不是一個個不幸運的個案。這些血與淚的故事，
見證了過去二十年來，少年們的家庭是如何受全球經濟重組而困窘、
藍領父親們因工作大量外移和就業機會流失而無助失志，
家庭重組與解離是少年們生命的常態。

這些一層又一層的暗流，落在無能決定自己出生的少年身上，
聚成一股無法被忽視的力量。
如何幫助這群陷落於廢墟狀態，失落、失學、失業的孩子們？
又該如何正視這侵蝕著社會穩定的貧窮世襲？

1 廢墟裡的少年——兩萬名被遺忘的高風險家庭孩子們[1]

十三歲的小傑被送到中途之家時，還有幾顆乳牙沒落下，個子清瘦、營養不良；他被分配到十人一間的上下鋪，生輔老師管教嚴格，小傑卻滿足得露出可愛的小虎牙，他說這是第一次感到被關愛。

七、八歲懂事時，他就看著父母、兩個舅舅跟著阿公阿嬤吸毒、販毒，大人們總呼朋引伴窩在房裡，共用針頭與吸食器，屋裡充滿濃烈的塑膠味；狂歡後，歪斜的針頭、乾掉的血漬，就由家中唯一清醒的小傑善後。小傑說：「他們一旦這樣做（吸毒）我就很不喜歡；安非他命、海洛英、大麻，因為他們沒有一個人會管我，我就等於一個人，像鬼一樣……」

全家六位大人在過去幾年間，因販毒相繼入監，被通緝的阿公最晚入獄。有長達三年的時間，阿公「跑路」到外縣市避風頭，小傑白天上學，晚上與阿公會合，早上再由阿公送他回學校。這讓他在上課時總無精打采，時而中輟；而當阿公也被逮了，他就開始了一個人的生活。

失去家人照料的小傑，來到一所專門留容國中中輟生的學校，在這裡他遇到與他生命經歷一樣艱苦的少年：A的父親長期失業後酗酒不顧家庭，B的外配母親被父親家暴離異，C幾乎被棄養，為生存曾偷竊、討債。

臺灣有一群少年，正過著和自己年紀極不相稱的生活，遭遇多數成人一輩子也未曾面對的幽暗。他們之中，多數來自政府定義下的「高風險家庭」。[2]

▼高風險家庭下的少年

高風險家庭有其複雜的成因，有的是父母入獄，難以照料子女，也包括照顧者因貧困、失業、重病、罹患精神疾病等，無法照顧家中孩童。從二〇〇五年開始，政府啟動高風險家庭的通報系統[3]，為面臨風險的兒少，提供預防服務。

根據衛福部統計，過去三年，高風險家庭通報數從二萬五千戶增加到近三萬戶，牽涉的孩子高達四萬三千名。這之中，十二歲到未滿十八歲的少年，就有近一萬六千名。而臺灣每年有約五千名風險程度更高的兒少，因家庭失能，必須送入安置體系。臺灣風險家庭下的少年，初步估計超過兩萬名。

臺灣一年不到二十萬個孩子出生，生育如此辛苦，但這些少年活在家庭失能與欠缺社會支援、如同廢墟的狀態裡，是一群幾乎不被國家看到的存在。

長期關注高風險家庭的政務委員林萬億說，這些年臺灣的高風險家庭數持續成長，在通報之前，孩子們早已傷痕累累，「我相信還有一些黑數沒有被通報。」除了未通報的黑數，是否開案，與縣市資源和評估品質有關，也使得社工目前開立個案服務的量相對低。

▼偏鄉裡的脆弱家庭

沿著國道三號，距離熱鬧的斗六市，僅十五分鐘車程的林內鄉，彷彿是個心跳停止的地方，沒有活力的所在：青壯人口大量外移，留下老幼和失能者孤零勉力地生存著。

十六歲阿姚的家，是個縮影。

走過堆柴的大院，屋子裡巨大神明

許多來自「高風險家庭」的少年，常常遭遇了多數成人一輩子也未曾面對的幽暗。小傑十三歲時被送入中途之家，雖然輔導老師管教很嚴格，他卻在這裡首次體會到以往未曾有過的關愛。（攝影：余志偉）

高風險家庭歷年通報與開案件數增長

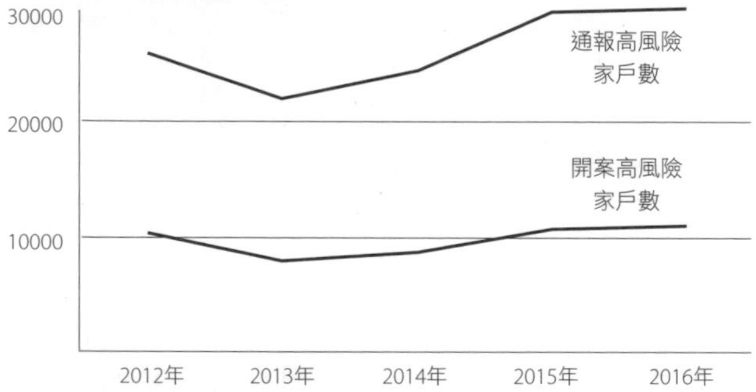

民國105年度，高風險家庭通報數為27758戶，這些家庭裡有兒少人數42741名。但通報後只有約三分之一會由政府開案服務，正式開案數11182戶。資料來源：衛福部。

＊開案與否與社工案量以及各縣市社政資源有關，因此通報量與開案量會有落差，如果從開案數的兒童與少年的64.8%與35.2%的比例，回推105年度通報家庭裡的42000多名兒少，其中少年人數，估計約16000人。而同年社政安置的兒少有5028人，其中機構安置兒少為3319人，由於臺灣機構安置多是長期安置，被安置兒童多在機構內過度到少年，社家署並無細緻的區分。兩個數字相加約為兩萬人。

桌上頭擺著關公、媽祖、千手觀音、唐三藏等神明，牆頭紅紙寫著「朝朝暮暮神降臨」。牆壁處處龜裂，陰暗處蜘蛛結網。阿姚領著我們到他的房間，唯一的燈泡連著電線頭搖晃空中，裡頭一團黑，書桌上擺著刺青機和一瓶開封喝去半罐的烈酒。

阿姚的母親不到四十歲，跟五個男人分別生了六個小孩，戶口名簿上登記的父親，是母親的第一任丈夫，至今他不清楚自己生父是誰；做乩童的阿祖和姨婆負責照顧這群同母異父的孩子。他從小被放養自找生路，小四時就與家庭背景相似的同伴瞎混，跟著「會館」出陣頭。

「我早餐沒錢買，沒辦法，就去會館，去一次（陣頭），擋得了一禮拜，」他說。每次出陣頭八百或一千元的紅包，夠他吃飯、抽菸、買酒。長期扛轎，他的背厚實而圓拱，卻也壓縮了身高。

每年至少超過2萬名少年生活在困境中

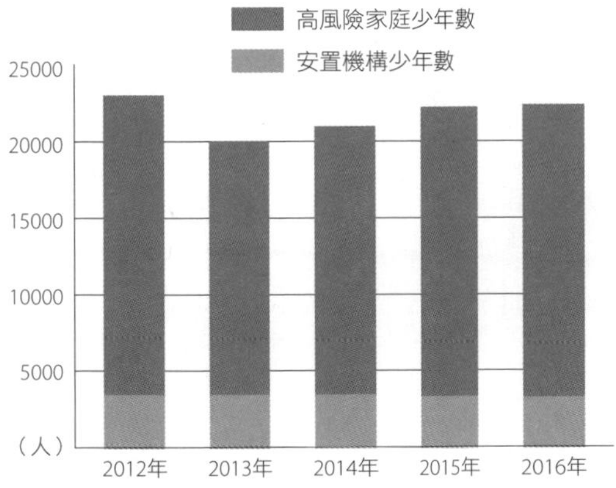

資料來源：衛福部。

農村的早婚、複雜的婚姻、重組的家庭、脆弱的經濟……阿姚只淡淡地說：「我哪會按呢，很衰，出生在這種的（家庭）。」他胸肩到右上臂的半甲刺青刺著大大的八爺，面對陌生人經常露出防禦的眼神。他喝酒抽菸拉過K，曾因拿磚頭傷人、結夥械鬥，短暫進過少年觀護所。他用身體對抗自己和社會，抗議生命裡的各種磨難。

來自雲林的立委劉建國，是少數理解在脆弱家庭成長是什麼模樣的成人。父親在他八歲時過世，不識字的母親一人做工、幫傭，扶養五名子女。劉建國還記得他得負責騎腳踏車到廟裡領紅包、棉被、米和醬油，他在求學階段被歧視，目睹母親被欺負，「那時的我，其實就是高風險家庭的孩子。」

那不只是窮困，那種困是「負」的，負到當少年有一點行為能力時就得扛，或是逃。

過去二十年，這個問題不斷在惡化，劉建國觀察到，雲林的「三多」增加了：單親外配多、隔代教養多、失業者多；他們共通的處境是近貧。他說，雖然家貧不一定失去功能，但只要主要的照顧者罹病或失業，整個家就深陷困頓之中，「而且在六都之外，城鄉差距愈差愈大、愈來愈恐怖、愈來愈離譜。」

▼自求生存的百元少年

不只離島或偏鄉，那些既不是偏鄉也不屬於城市的中間地帶，更有為數相當的高風險家庭。

跨過淡水河，經過重陽大橋，來到與臺北一橋之隔的新北蘆洲、三重，才二十分鐘車程，已是不同的風景。衛星城市上的大馬路上是嶄新的建案，但一旁的小巷弄裡，局促佇立著機械、金屬和塑膠工廠。

在新北市社會局局長張錦麗辦公室裡的牆面，掛著一張長二六〇公分、一人高的大幅新北地圖，上頭密密麻麻寫著各區的社福資源，其中三重、汐止、板橋、蘆洲地區是她心中的「熱點」，「這裡有很多暫時性居住的流動人口，距臺北近，容易謀生，卻是高風險家庭最容易隱匿的地方，很難被發掘。」她說。

張錦麗十年前曾擔任桃園縣社會處處長，但跟著朱立倫來到新北市之後，他們發現，桃園不到兩百萬人口，高風險家庭通報數達三千件，而新北人口接近四百萬，卻只有兩千多件通報。為了挖掘黑數，新北市建立了高風險整合的通報中心。

在主動出擊後，目前臺灣每年兩萬多件高風險通報中，新北市占了近四成，媒體經常形容新北是危險的城市。但她知道，如果不積極面對，找出高風險家庭，那後續的危機難以想像。

她的憂慮並不過度。在這些衛星城市仔細走一遭，都能見著因家庭脆弱、

脆弱家庭出身的孩子，常依靠極少的花費就度過一天。（攝影：余志偉）

欠缺照顧，在街頭自求生存的「百元少年」。

擔任社工十八年，善牧蘆洲少年福利服務中心主任侯雯琪這麼形容他們：每天靠一百元過活，早午一顆茶葉蛋外加一罐豆奶，晚上一大碗滷肉飯配免費的湯，偶爾到少年之家或非營利組織飽餐一頓；也有孩子在便利店的貨架下，撿拾客人掉落的零錢。

現在二十二歲的嘉妤在中學時就是百元少年的一群。瀏海齊眉，臉龐稚嫩，已是五歲和二歲孩子的媽媽。

嘉妤的父親是個水泥工，長期對母親和她施暴，失業後更成天酗酒，「他常捶我肚子，拿我頭去撞牆。」於是，她自十四歲便翹家、被學校通報中輟，高二那年她半刻意懷孕，奉子成婚。她說：「明知道這條路（早孕）不好，但為了逃離原生家庭，腿斷了也要爬過去。」去年，嘉妤的父親因多重疾病過世。她說，父親的死，讓她感到解脫。

年輕時結成的婚姻不如想像中美好，婆婆常給嘉妤臉色，而她的年少丈夫戒不掉交友軟體，玩心重，兩人才離婚不久，卻因沒有足夠的學歷和經驗，工作不穩，無處可去，只能暫住前夫家。

根據內政部戶政司統計，每年約有九百位十五至十七歲的小媽媽們，但生育後繼續就學者，不到四分之一。

侯雯琪經常和社工走入撞球店、機車行、公園，在社區裡發現像嘉妤這樣處在風險裡的少年少女。她說，這群少年少女的父母們多半從中南部或東部，一路往北，遷徙到新北找工作，「多數是開貨車或在工廠加班，夫妻兩人或單親一人撐全家家計，連睡覺時間都不夠，更無能力教育孩子。」

當中產家庭的少年開始各式的學習和體驗，甚至護照上蓋滿遊走世界的印記，積極探索自我，為成人生活和職涯累積基礎時，有一群無法好好成長的少年，散落在社會邊緣，甚至早早就進入勞動體系，養活自己。

▼勞動市場裡的羔羊

他們之中有的為了糊口，有的為了脫離家庭施加的暴力和壓力，被迫成為童工或少年工。我們採訪了這群少年童工，他們或在農場／工廠裡當搬運工、做水泥工助手、裝潢助理、舉牌人、婚宴廣場服務生、夜市叫賣者、洗頭小妹、便利店店員……

例如夜晚十點的雲林西螺果菜市場，這一邊的少年，肩頭上扛著六十公斤裝著蒜頭的網袋，另一邊的少年將一落鋪滿青椒的紙箱搬上貨車，還在發育的他們看來比同齡者瘦小卻更有力。接著，他們要跟車北上，凌晨在臺北果菜市場卸貨，趁天亮前趕回西螺。從傍晚工作到隔天凌晨，實打實的體力活，為的是來回一趟一千元起跳的微薄酬勞。

我們再往沿海走去，雲林四湖鄉、口湖鄉、嘉義東石鄉，這些人口大量外移的村落裡，遇到不少串蚵的女孩們，她們腳踩鑽孔機在蚵殼上打洞，每十一個蚵殼成一串，每串一．八元。其中不少少女的家庭有著相似的命運，母親很早離開甚至對母親毫無印象、父親吸毒，她們與阿公阿嬤相依為命。

我們在中部遇到的一位少女佩芸，特別令人印象深刻。她為了扛起家庭生計而放棄讀大學。她的父親少了一條腿，母親是外配，全家近貧但申請不到中低收入戶，於是她未成年就開始打工。大學時為了白天工作，選讀夜間部，但半工半讀讓她疲憊不堪，念了兩年便休學，如今在泰式按摩店全職。每個月，她得按壓四十個陌生客人的身體，勉強拿超過兩萬一千零九元的最低工資。「我們常躲在門簾後頭偷看上門的客人，有次遇到一個一百一十公斤的客人，心想完了，果然，按壓完，我自己也散了。」

談到日本傑尼斯偶像團體和作家夏目漱石時，佩芸才迸出青春語調，說想在白天讀書、想存錢去日本……但開心念頭稍縱，心底絕望就浮現：「討厭別人跟我說不要放棄、人生美好要積極……那是看不見我們底層人生的處境。」

還有一群少年，完全逸出法律規定，在勞動體系裡被雇主或工作環境剝削。

九月初，距離夏日播種期已過了兩個月，農田作物需要養護與施肥；凌晨四點多，十七歲的土豆正準備到農民的田裡，為他們代噴農藥。今天的作業地點面積九甲，三人一組，搭配一臺農藥車；土豆是團隊裡最年輕的，十五歲開始農藥代噴，他的夥伴們二十出頭，也從未成年開始了這份工作。這些未成年的孩子多數時擔任助手，拉管線，偶爾負責噴藥。

厚重白濛濛的霧氣，罩著綠油油的田，不知情的人還以為他們身在虛無飄渺的山野間，帶著幾分浪漫。少年身上揹著兩百多公尺的長管，沒有戴口罩和任何防護措施，管子裡噴出的，其實是他們親手調配的農藥水。

這些年，雲林有全臺為數最多的農藥車，全是由少年當家，代噴範圍擴及到桃園、彰化、嘉義、南投。少年速度比老農俐落，小腿肚在崎嶇水田裡也能快步移動。「老班都被我們打掉，他們做的速度太慢了。」土豆塊頭不小，有個肥肚腩，大人樣的身軀卻藏不住稚氣

在雲林、嘉義等人口大量外移的村落裡，少年少女靠著打零工及體力活，與阿公阿嬤相依為命。（攝影：余志偉）

的臉龐。

早上九點收工時，土豆沾滿泥土的雙手，數著千元大鈔，噴一分地每人能領上六十元，今天九十分地，他賺進五千四百元。

看似很好的收入，卻是他用健康換來的。

土豆住在雲林土庫鎮，門牌上有個美麗的名字：「雙人厝」，房子是早期以米糠、牛糞、蚵殼粉混在一起，以竹片和水泥瓦搭建的老舊輕建築，房子一隅有個廢棄的灶。雙人厝裡沒有成雙成對的影子，相反地呈現出一片死寂。父母很早就分開，越南籍母親不在身邊，土豆主要由阿嬤扶養；十五歲那年，中風的父親、阿嬤相繼過世，家中剩下做粗活的哥哥和失業的叔叔。土豆很早就得自立。

土豆的高中會考成績有4B，原本可上公立高中職，但家貧沒錢付學費，無法升學，得想方設法養活自己：他鋪過校園PU跑道、到高海拔山上搬菜、在工地裡運水泥，「很恐怖，有時連鷹架都沒有，直接放個鐵架讓我們走。」他說。

農藥代噴是高風險工作，不少老農的肝硬化與農藥代謝不掉有關。我們訪談曾在這一行待過的少年，他們不清楚農藥是否傷身，但他們在代噴後，常感到全身灼熱、想吐，洗完澡後昏睡到隔天。

土豆的確中毒過一次。他回憶道：「有天突然下大雨，下雨後馬上出大太陽，身體整個縮起來。我就推著繩索，邊推邊吐。」那次他到診所吊點滴「解毒」，之後他不敢多想噴藥對身體的影響，「不知道耶，現在還年輕吧。」

▼很早就開始賣體力、賣尊嚴

當臺灣主流社會高喊著為下一代累積競爭力，卻很少意識到有為數不少的少年少女們根本沒有別的選項。他們缺少安穩的生活和榜樣、欠缺人脈網絡和社會資本，最後賣體力、賣身體，甚至賣尊嚴。

不論是國際或臺灣，都明文規範，有條件的限制童工。國際勞工組織（International Labour Organization；ILO）八個勞動公約裡，就有兩個童工公約[4]，以避免身心尚未成熟的少年，過早耗盡體力或被人利用。臺灣《勞動基準法》的第五章則為童工專章，其中明訂未滿十六歲受僱工作者為童工，且附帶嚴格的前提和限制；十八歲以下也不得從事危險性或有害工作。

沒有家人照顧、沒錢學一技之長的土豆，從十五歲開始了童工人生，這些風險的工作讓他攢了錢，為自己添了冷氣、床墊、二手車，也為他窘困的人生，贏得些許安全感和尊嚴。

只要活下來，這群少年們沒想太多，他們沒有意識到自己成為勞動市場裡的羔羊：

經常深夜工作、工作超時、收入未達基本時薪一百三十三元[5]，且鄉村普遍沒有勞保。我們為此詢問雇主，大多數拒訪，只有一家雇用多位少年的鮮蝦冷凍工廠老闆，大談他如何給清貧少年機會；但採訪後一位女孩用簡訊告知我們：「時薪一百元，比想像低很多，而且出貨時常加班到晚上十點。」

目前臺灣並未調查童工與少年工的勞動力情況，唯一管道是用勞保去勾稽查核。我們向勞保局調閱二〇一七年到二〇一八年的數字，以非高峰期的九月為例，未滿十八歲投入勞動市場的有三萬八千八百八十八名，其中未滿十六歲有四千零四十一人。[6]過去五年，每年同期（九月分），至少有三萬名以上的少年工和童工。這數字不包括未投保，難以計算的黑數。[7]

事實上，雇主一旦雇用童工或未滿十八歲的少年工，都必須提交法定代理人的同意書與年齡證明文件，同時得附上工作計畫，確保其未執行高風險工作。但一位六都勞動科長告訴我們，縣市勞動局處除了抽檢學生暑期工讀情況外，並沒有針對童工的勞動環境進行檢查。而另一位執行童工業務審查的科員私下表示，他從未實地勘查過童工的工作現場是否安全，「我蓋那個章都是在不瞭解的情況下蓋的，內心有點不安。」

二〇一六到二〇一七年間，以臺灣少年權益與福利促進聯盟為主的民間團體發現，少年在勞動市場被嚴重剝削。但政府部門對此似乎視而不見。由於臺灣是聯合國人權兩公約的簽署國，二〇一七年十一月，聯合國委員首次赴臺關切少年勞動的審查現場時，勞動部當時的回應竟然是：「臺灣未滿十八歲的兒少從事勞動的人數很少，且現行制度完備。」

長期研究勞動市場的文化大學勞工關係系教授李健鴻就批評：「臺灣最糟糕的是，沒有童工調查的數據。幾十年來，不調查，不重視，童工是被掩蓋的議題。」

▼中產思維的平行世界

經濟的負擔，混亂的家庭氛圍，這群被放養的少年，有為數不少的人早在小學四、五年級，課業就落後，學校帶給他們的不是信心和能力，而是大量的

少年土豆曾想要轉換工作，但因不習慣工廠裡制式的工作型態，沒多久又重返農藥代噴的老本行。（攝影：余志偉）

挫折。

成大資訊工程系教授蘇文鈺，從二〇一四年起帶著大學生走進嘉義東石、布袋，教中小學生寫程式，他說進到偏鄉就受到震撼教育，一般國中生早該學會的簡單單字，如「read」、「write」都拼不出來。他說：「我們太重升學和分數，教育習慣照顧前三分之二的人，後三分之一的多半被放棄，他們連好好念書的基本權利都無法享有，更遑論生涯規畫、完成夢想。邊緣學生幾乎被放棄。」

直到進了東石，蘇文鈺才知道面對這群可能沒飯吃、家裡充滿負向情緒的大人、父母沒有能力教導孩子紀律，他們必須扮演「第二個媽媽」的角色。於是，他給授課老師們的兩個ＫＰＩ（指標）都與成績無關，而是：學生要覺得課堂好玩、得帶好吃的食物讓學生吃飽。他說，這樣才不會丟掉孩子。

脆弱家庭的小孩，如果學習不利，又沒有遇見重要的他者拉自己一把，很容易就中輟中離。根據教育部統計，臺灣一〇五學年度中輟的國中生有三千零三十七名，但到了高中，中離生的人數卻超過二萬三千名。

臺灣少年權益與福利促進聯盟祕書長葉大華分析過，十二年國教後，雖然高職學費全免，但雜費、實習費、書簿費等費用加總起來，就讀私立高職的學生，每學期費用也落在七千到一萬五千元。十二年國教不過是把中輟和失學的問題，往後（高中）

遞延而已。

而那些不幸運的少年，失學失業，落入地下經濟，甚至犯罪。過去十年，臺灣少年的犯罪人數並未隨著少子化減少，在詐欺和毒品交易這兩項，少年犯的成長率各增長二五〇%以上。

我們和二、三十位曾進入少年觀護所，以及進到黑道經營的公司／會館的少年們進行訪談，他們身上揹負各式從小型到大型的罪行：偷竊、搶銀樓、討債、販毒、重傷害、殺人罪。在他們的人生中，很少人教導他們何謂風險與界線。而原生家庭的根基不穩，哪裡願意收留、接納他們，他們就容易在哪裡生根。

諷刺的是，法務部每年花在少年矯正機關的經費達七億七千萬元，相較之下，政府投資中輟中離生的教育才兩億元、弱勢少年職訓每年也僅僅為四千多萬元。

社會的中產思維只看得到升學教育常軌裡的少年，但邊緣少年幾乎活在另一個平行世界。

▼被計畫推遠的少年

《兒童及少年福利與權益保障法》（《兒少權法》）已實施七年，目前中央與地方政府對處於風險中的少年，推出各式政策與服務，如：衛福部與縣市社會局處所搭起的高風險家庭通報、司法體系對非行少年[8]的安置、教育體系對中輟少年的照顧、勞動體系對弱勢少年提供的職訓等。

但面對處在邊緣的少年，我們盤點各項政策，發現整個系統的反應相當過時，而且充斥盲點。

首先，臺灣幾乎是轉過頭去，不去看見邊緣少年的困境。一旦少年或他的家庭被標示成一個充滿麻煩的人，就極易被學校、安置機構「退貨」。

中華育幼機構兒童關懷協會創辦人洪錦芳經常審視臺灣各地安置機構，發現有些安置機構會「選孩子」，「對小四以上的孩子敬謝不敏，因為兒童討人喜歡，容易獲得募款。」而臺北地院少年法官蔡坤湖也多次為被列入保護管束的少年轉學，希望少年重新開始，但每回接手的學校只要看到案底，都會提心吊膽，甚至用各種軟釘子要學生離開。

相較臺灣社會用最簡易的方法隔離邊緣少年，鄰近的香港，卻很主動地找出不被家庭和學校接住的少年們。香港目前已建立數百位二十四小時的外展社工，他們主動到街頭結識少年，為有需要的少年提供協助。香港社會福利署過去幾年，甚至撥款成立了網上外展隊伍，為的就是向外找出潛在的邊緣少年。

我們前往香港調研後發現，香港一開始是很功利地在思考少年問題。他們認為，這群人是必要的勞動力，如果不能早點找到這群隱蔽和失落的少年，並協助他們發展能力，最後社會要花費更大的力氣解決危機。

除了普遍的視而不見，臺灣另一個巨大的盲點是，在少年政策上，政府各部門未能勇於任事，而是以補破網的「殘補式」、「充滿形式主義的ＫＰＩ」來解決問題。由於問題核心常源自家庭，又同時牽涉少年的發展，自然以衛福部為核心，輻射到教育部、勞動部等部門。

但以運作了十三年的高風險通報系統為例，政委林萬億不諱言，光是衛福體系，就因政府員額有限，大量外包高風險家庭的服務，造成公務體系社工與外包社工之間角色的混淆，內外整合困難，此外，橫向連結更是欠缺。

例如，如果當體制外的社工發現家

多數被非法雇用的未成年少年少女及童工，不但沒有勞保，連收入都未達基本時薪。（攝影：余志偉）

庭風險核心，源自患有精神疾病的父母，是否能順利中介醫療治療？若風險核心在於家長失業，能否協調勞動局處協助？若孩子因家庭因素而學習狀況不佳，社工能否進入學校與老師溝通？

林萬億說，就他瞭解，社會局處一旦外包，就認定「這是恁家的代誌（指外包社工的事）」，結果沒有人承擔和問責，電腦紀錄顯示著「任務完成」，「我們看到的不是這個孩子的問題有沒有被解決，而是這些單位可不可以找到excuse（藉口）。」這其實反映臺灣整體外包式的社會福利政策，由國家出錢補助，將責任委外，結果「已被開案」、「曾被家訪」的紀錄，成了孩子一旦出事時政府的托詞與藉口。

內外整合失靈，來自公務體系社工與外包社工的權責不清，以及橫向連結的困難。相較下，香港雖然也有外包服務，但由於社工背後有成熟的工會支持，重視學校、社區、政府裡的資源連結，較能提供底層少年真正需要的協助。

雖然臺灣也有較為積極的方案，例如透過職訓，提供少年能有及早自立的條件，可惜只做了一半。

以落實九年的「少年On Light計畫」為例，這是政府針對十八歲以下的中離生，順利過渡到就業的職訓計畫，由青輔會（教育部青年署前身）每年投入約四千萬；學生上完四個月課程後，會安排兩個月的職場見習，見習期間，由雇主培訓少年學習一技之長，也支付受訓學生兩個月薪水，讓他們在職場見習期間無後顧之憂。

但對比每年二萬三千名的中離生[9]，參與「少年On Light」的人數每年約二百五十人，兩個數字間出現巨大落差。承接計畫的第一線社工告訴我們，問題出在課程，「(四個月)上課期間沒薪水，對這群學生來講，賺錢很重要，有學生跟我說，明天有人找他出陣頭，一天有五百塊，他就去了，就不會來上課了。」而政府的課程設計不甚符合少年就業的迫切需求。「它的就業準備課程有兩百個小時，同樣在上法治教育、性別平權。」葉大華認為，強調上課的傳統教育思維，忽略了這群揹負生計的少年，需要的是確保未來有一技在身的工作。

舊計畫留不住孩子，政府便急著提出新計畫，反而把這群邊緣少年愈推愈遠。二〇一三年行政院組織整併後，青輔會降級併入教育部成立青年署，二〇一七年起將原本的「少年On Light」改為「未未計畫（未升學未就業青少年關懷扶助計畫）」後，新的做法是：取消中離生的職場見習計畫。

曾任教育部外聘督導的輔大社工系教授林桂碧認為，這恰好凸顯了教育部的本位主義，「他們現在推十二年國教，要降低中離生的數字，當然就會希望學生都回學校上課，就業就不關他們的事了。」

「未未計畫」上路後，讓不少老師急得跳腳。原本的「少年On Light」雖不完美，但保障就業，還有誘因吸引需要自立的少年。但取消就業協助後，「我們找到這群孩子，只讓他們上固定的課程就結束了，那他們以後該怎麼辦？」承接中輟中離生近二十年，宜蘭得安家庭關懷協會主任游美貞的語氣中，止不住擔心。

青年署職場科科長高蘇弘解釋，教育部主要還是負責校內的學生，這群少年如果有就業需求，可轉由各縣市勞政部門協助。

而勞動部門對此又是怎麼想的呢？即便勞動力發展署曾制定辦法，將弱勢青少年明訂為就業扶助的對象[10]，但攤開勞發署的「弱勢青少年職涯準備計畫」，資源不多，每年參訓的青少年才六十多人，編列預算不超過四百萬。

鄰近的香港，同樣為少年自立做準備，做法卻較具前瞻性，他們結合公私部門，企業甚至把培力少年做為企業社會責任的一環，共同為邊緣少年釋出真正有意義的工作訓練和就業機會。

▼從殘補到增能，從單打到整合

賽馬會資助的「Clap 計畫」（賽馬會鼓掌．創你程計畫）是香港目前最重要的職訓計畫，他們預計五年內投資五億港幣，約二十億臺幣，與臺灣相差十倍[11]，為失學、失業的少年提供生涯規畫，開辦不到兩年，已有近三千名少年完成培訓。

這是全港第一個連結公部門、企業及學校的職訓計畫。負責計畫督導的香港浸會大學社工系教授黃昌榮解釋，這和過去習慣的政府出錢、發給NGO團體執行的模式不同，他們努力在兩者間加入專案管理的團隊。

黃昌榮是團隊的領導者，他要向出錢的賽馬會提供成效評估，也要為第一線的社工培養即戰力，「所有社工對生涯規畫都沒有什麼概念，因為這不是傳統社工提供的服務……我們要去發展一套臨床技巧的課程。」

擔任社工超過十年的高佩怡，她現在新的頭銜是「項目經理」（project manager），她帶領九人團隊做到橫向連結，不只連結政府資源，還要讓香港上市櫃公司，

香港有數百位二十四小時的外展社工，主動到街頭結識少年，為有需要的少年提供協助。圖為香港信義會的深宵外展社工October（右一）與二胡（右二），他們正與孩子們交談。（攝影：陳朗熹）

如香港機場和航空公司等提供培訓機會，她說：「只要他們（少年）看到未來生涯的發展性，就算培訓期間薪水少一點，他們都會願意參加的。」

調研香港與時俱進的做法，再回過頭來看臺灣的風險家庭，的確有極大的落差與凝滯。

風險家庭下，父母跌入深淵，少年經歷各種排除、歧視，有些人靠著意志力催到滿檔，不認命地把自己從廢墟狀態裡拔出來。

「但這絕對是社會的責任，」林萬億不諱言地說，十多年來，政府並沒有有效地解決脆弱家庭的風險。

林萬億緊接著說，目前中央政府總預算裡已經編列了三年六十七億元的預算推動「社會安全網」計畫，主要希望建立一個以家庭為中心、以社區為服務基礎的服務模式，整合社政、教育、警政和精神醫療等資源協力家庭；整個社會安全網計畫將補充三千名人力，其中，社工人數預計從目前的一千多位提高到約三千位，未來將由這群社工負責串連政府資源。這個計畫已於二〇一八年一月開始修法和宣導，預計二〇二〇年完成跨部會服務體系嫁接。

安全網若能順利上路，算是跨出了一小步。

但除了跨部門的協力資源整合外，臺灣社會對於邊緣少年的想像，必須有極大的調整。

因為這群少年最需要的不是同情，而是重新與社會和社群連結，他們必須累積能力，看到職涯發展的可能，重建對生命的信心。只有這樣，才有機會解除他們如同廢墟的生命狀態。

社會有責任，讓這群少年，好好活著，看見一絲希望。

（本文作者：李雪莉、簡永達）

注釋

1 為了保護未成年人，本書中未成年受訪者皆採用化名。

2 政府所定義的高風險家庭有下面六種型態：一、家庭成員關係紊亂或家庭衝突，如家中成人時常劇烈爭吵、無婚姻關係帶年幼子女與人同居、或有離家出走之念頭者等；二、父母或照顧者罹患精神疾病、酒癮、藥癮並未就醫；三、少年父母或照顧者有自殺風險；四、因貧困、單親、隔代教養或其他不利因素；五、非自願性失業或重複失業者：如父母遭裁員、資遣、強迫退休等；六、父母或照顧者死亡、出走、重病、入獄服刑等……以上六項，以致影響兒少日常生活食衣住行育醫等照顧者功能者。

3 全稱為「兒童及少年高風險家庭關懷輔導處遇實施計畫」。

4 國際勞工組織編號第一八二號公約，《關於禁止和立即行動消除最有害的童工形式公約》第二條：就本公約而言，「兒童」一詞適用於十八歲以下的所有人員。此公約進一步把童工範圍從十六歲擴大到十八歲。

5 二〇一八年八月，勞動部基本工資審議委員會敲定，建議政院自二〇一九年起，基本工資月薪調高至兩萬三千一百元，時薪則由一四〇元調高至一五〇元。

6 這裡採計的包含建教生人數。未含建教生人數在二〇一七的九月，數字分別為三萬兩千九百三十六名、二千二百六十二名。十六歲以下包括：一、十五歲以上未滿十六歲之受僱從事工作者；二、以及未滿十五歲之國民中學畢業或經主管機關認定其工作性質及環境無礙其身心健康而許可者。

7 這個數字並非當年度（二〇一七年）最高的月分，在七月分時，這兩個數字分別是四萬五千四百六十二人與三千七百五十六人。

8 我國現行法制規範並無「非行少年」的字眼，「非行少年」（ひこうしょうねん）一詞來自日本，意指「犯罪少年」、「觸法少年」、「虞犯少年」，在台灣一般代稱十二歲以上十八歲未滿的少年，已犯罪跟有觸犯刑罰法令之行為者，或依《少年事件處理法》第三條第二款，若有下列七項行為之一，須移送司法處理：一、經常與有犯罪習性之人交往者。二、經常出入少年不當進入之場所者。三、經常逃學或逃家者。四、參加不良組織者。五、無正當理由經常攜帶刀械者。六、吸食或施打煙毒或麻醉藥品以外之迷幻物品者。七、有預備犯罪或犯罪未遂而為法所不罰之行為者。

9 臺灣目前施行九年國民義務教育，國小與國中階段必須完成義務教育，若是學生無故曠課三日以上，則需要通報各縣市教育局處，依《強迫入學條例》輔導中輟學生復學；但是，高中職以上不屬於國民義務教育，因此曠課三日以上稱為中途離校學生，簡稱中離生。

10 依《促進特定對象及弱勢者就業補助作業要點》，將弱勢青少年納入扶助對象為十五歲以上未滿二十四歲，未升學未就業、偏遠地區或高危機高關懷青少年。

11 臺灣的「未升學未就業青少年關懷扶助計畫」加上「弱勢青少年職涯準備計畫」，每年編列經費約為四千四百萬元，五年約為兩億多元。

【圖文輯】15歲起，我這樣養活自己

攝影◎余志偉、林佑恩　文字◎李雪莉、余志偉

▼被迫自立的少年

這是一個少年土豆噴農藥的故事。這樣欠缺家庭溫暖與學校社會網絡資源的少年「土豆們」，為數不少，都隱身在我們之中。他們每一天都在與命運搏鬥。

十五歲那年，父親和阿嬤相繼過世，那一刻起，土豆靠自己活下去。水泥工、上山拔菜，什麼粗活都做過。

上｜空蕩的祖厝老舊，房子一隅有廢棄的灶。

下｜土豆的房間堆滿他夾來的娃娃，每天夜裡就是這些娃娃陪他睡覺。

▼經濟壓迫的代價

雲林有全臺密度最高的農藥代噴車，噴藥的清一色是年輕面孔。有時噴完藥，全身灼熱，想吐。會想辦法灌牛奶或吊點滴解毒。

上｜「我現在十七歲了，我在做的工作，大月是在噴農藥，小月是在做一些搬菜、粗工那些。我可能（前一天）七點知道，有時候是四點半，有時候是五點要起來。」

下｜土豆一天幾乎只吃兩餐，早餐是必吃的一餐。

上｜拿到雇主給的農藥，土豆得自己動手調配。

下｜助手得顧好管線，如果管線纏住或破損，不僅無法工作，還要花錢修補。

「風勢嘛，它風吹這邊，這樣全部的人都要吃到藥。那天剛好又突然下雨啊，下雨後又馬上出大太陽，所以就整個縮起來了(中毒)，我就丟下繩子，邊丟邊吐。」

上｜即便再有經驗，一天工作下來，他們的肺部和身體還是沾染許多溢散的藥劑。

下｜工作結束後，他們要洗淨藥桶及車子，更要趕緊沖洗身體。

上｜他們跟農家借水，就在路邊盡可能沖洗身體。

下｜每噴一分地，師傅可以拿七十元，助手拿三十五元。噴藥工作是每日領現，有時當天賺的當天就會花完，很難把錢存下來。

▼孤零零的「家」

結束工作回到家裡，便孑然一身。
朋友是他的寄託，遇到困難，彼此扶持。

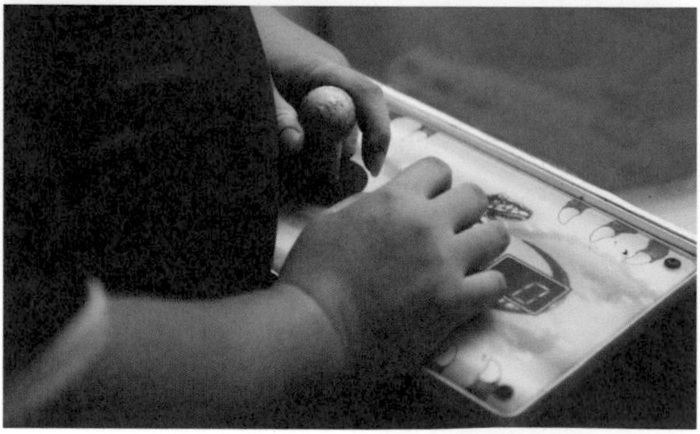

上｜大量的體力活，土豆和朋友們得抽菸、嚼檳榔提神。

中｜有空時候，土豆一定會跟朋友聯絡往外跑，很少一個人待在家。

下｜土豆夾娃娃的技巧已經練到有口皆碑，然而背後是一次又一次的金錢投注。

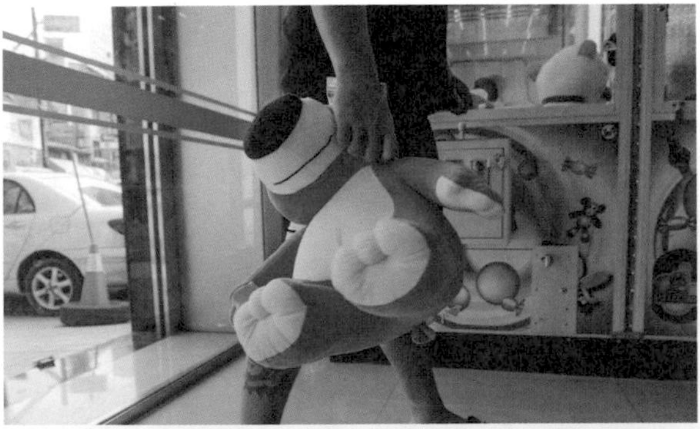

上｜夾娃娃是土豆的消遣，只要夾到想要的，就很有成就感也紓壓。

中｜大家常常找一家店吃東西、喝飲料，聊天、打屁、殺時間。

下｜在交通不便的鄉下，未成年的他們很早就學會騎機車、開卡車，也因此常被警察臨檢接罰單。

▼渴望屬於自己的家

太早進入社會，也太過疲憊，已放棄復學的可能。
活著，是他每天的功課。

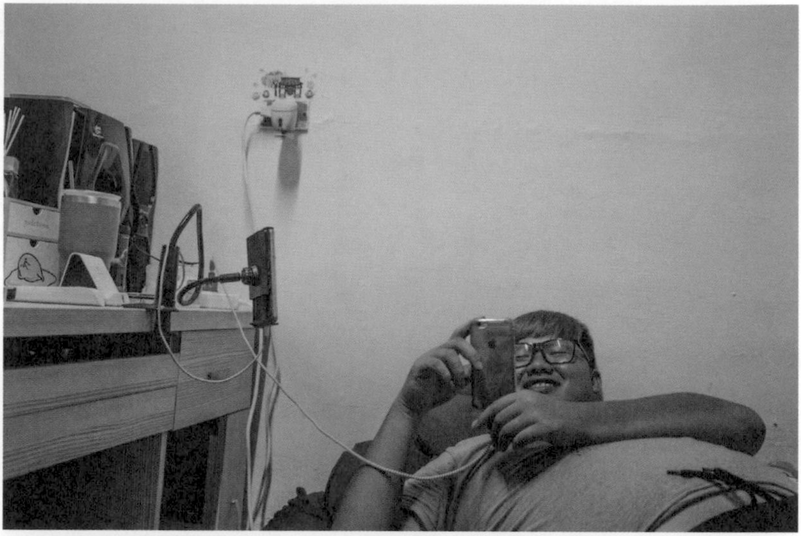

上｜回到家後土豆幾乎就掛在網上，不是打手遊就是線上聊天。

下｜土豆過去成績不錯，但家境轉變已讓他回不去學業這條路。

「（我）也不知道，就是變成已經不習慣那種生活了吧，就是那種團體生活，在那裡每天時間到就上課，坐在那裡乖乖地都不要動，我現在應該做不到了，所以就想說做工作，一項一項換，有做有錢，沒做沒錢，不然如果不做的話誰要理我們，其實現在家裡也是什麼都沒有了，沒有父母長輩，什麼都沒有了，所以就只要做工作就好了，這樣普普通通過日子就好。」

土豆原本要離開噴灑農藥的這一行，但覓職並不順利。
今年剛滿十八歲的他，與朋友合夥，
仍在這個行業拚搏，偶爾打些其他的零工。

2 後來的土豆呢——如何協助廢墟少年脫離黑工市場

在探索臺灣的高風險家庭時，土豆是我們追蹤最久也陪伴最久的少年。長達一年的時間，看著他從未成年跨過成年。二〇一七年，當時土豆十七歲，我們以他的故事為基礎，寫下了〈15歲起，我這樣養活自己〉，揭露他因家庭失能，從十五歲開始，連續兩年，在毫無防護與裝備下，幫農民代噴農藥，賺生活錢。

當時的土豆說，期待自己十八歲的到來，「十八歲之後，工作選擇多一點，我們（未成年）這個年齡去做，都被當成工讀生，也許做得比別人多，還是領工讀生的錢……」

二〇一八年三月，土豆滿十八歲了。

本以為過了十八歲這條刑法上的成年線，人生的選擇會多些。就在滿十八歲前的一個月，土豆離開農藥代噴，到麥寮六輕試做金屬管線和車牙的工作，但不到兩個月，因不適應工廠裡制式的生活，重回老本行。這次他不再是拉繩索的助理，而是自己當起師傅，與十九歲的黃村霖和另一位未成年的同村友人，三人一個隊伍，開著農藥車在田裡揮汗如雨地穿梭。下一步呢？「不知道，邊走邊看吧，我們這樣的人只能想到今天，」土豆說。

很早便展開童工的歲月，嘗盡人間的苦辣酸甜，少年們聚攏一起，想的只有「當下」以及如何「度日」。

儘管少子化，政府也已實施十二年國教，但臺灣近年貧富差距拉大以及脆弱家庭的增加，讓一群因家庭失能、從教育系統脫軌而必須提早進入社會的底層「土豆們」，正在增加中。

根據政府統計，二〇一四年到二〇一七年間，十五歲到十九歲青少年的勞動參與率，從七．九八％逐步上升到八．七九％。透過勞保勾稽的數據顯示，臺灣約有三萬多名童工和少年工進入勞動市場，這還不包括難以計算的未投保黑數。

▼只有「好一點的黑工和不好的黑工」

臺灣進步了，法令嚴格了，但有群人永遠跟不上法令的前進，反而被法律的框條踩壓得透不過氣。就像這群極早就得自立的少年少女。

為了保護兒少，避免孩子過早和過度勞動，《勞基法》規定雇主不得僱用未滿十五歲的少年，十五歲以上未滿十六歲的受僱者被視為童工，童工每天工作不得超過八小時、每週工時不得超過四十小時，例假日不得工作。此外，十六歲以上未滿十八歲的少年工，亦不得從事危險性或有害工作。

不論是童工或少年工，雇主一旦僱用，就得提交法定代理人的同意書、年齡證明文件和工作計畫。

諷刺的是，立意良善的法令與政策對童工的保護，反叫少年們進退維谷，跌進無望的黑工市場。

這群少年成為業者眼中「難用」的人力，因此，稍有規模或制度化的企業主，都不願在綁手綁腳的法令下，聘僱這群童工和少年工。

臺中張秀菊慈善基金會社會工作部主任彭俊雄就說：「連鎖飲料店就明

在許多小型的洗髮店裡，未成年少女領取低薪是常態。（攝影：余志偉）

確告知他們不用未滿十六歲的，因為被查得太嚴，這一行（飲料業）哪有八點關門、週日不營業的？難道永遠交給資深員工幫忙收拾？」

這個結果使得童工們走上兩條路：比較好的黑工，和環境比較不好的黑工。

好一點的黑工，像是時薪遠低於法令規範的洗頭小妹、到快炒店端盤子、夜市叫賣、工廠裡的產品包裝、河道或下水道工程清汙、國道公路邊坡除草。不好的黑工則是進入地下社會當車手、詐騙、顧賭場、送藥的小蜜蜂……這些工作時薪或日薪可能比一般工作高，但不穩定，充滿犯罪風險，也難以長久。

「我高中同學很多休學，五十個人進去，到了高二剩下一半，有些就去做傳播妹或陪酒那種『公主累』的工作，穿得美美的，一小時下來就有六、七百，不像我要洗四天的頭，才能賺到她們一天的錢。」在中部一所高職讀美髮科的樂樂說。她原本半工半讀，但工時長，隔天上課極累，於是休學改做全職工作。她現在的底薪五千元，洗一顆頭四十五元，每天洗六到八顆，潤絲和燙髮可以抽成，每天工作十二小時，薪水才可能有兩萬多元。

四十年前，臺灣也曾有大量童工。

那是一九七〇、一九八〇年代臺灣經濟起飛的時候，家庭即工廠，鄰里關係密切，小孩會在家或社區附近打工，賺點零用貼補家計。但現在的童工面貌卻大不相同，他們來自脆弱家庭，哪有工作哪兒去，工作環境也不再是家長所熟悉和可照料的範圍。

▼很認命？少年工傷比想像中多

攤開數據，十五到二十四歲的青少年僅占總體勞動人口的六．八六％，但工傷人次卻占全體勞保職災給付人次一五．六五％，少年職災發生情形嚴重。臺灣少年權益與福利促進聯盟祕書長葉大華說，少年勞動條件低落，包含未達最低薪資、各種苛扣、加班未給薪、未納入勞健保、沒有職業安全教育與保護措施等等。「弱勢少年勞動意識差，遇到倒楣的事很認命，只想趕快恢復生活，不懂得申訴。」葉大華觀察。

在社會新聞裡，少年工傷事件頻繁出現。我們試著追蹤一些受傷的童工，瞭解他們後續的處境。

像一起二〇一五年在雲林發生的工傷——家裡為口湖鄉低收入戶的曾國琳，為了貼補家用，十五歲國中畢業就與同學阿俊到北港的工地搬水泥，結果開工沒多久，兩個孩子就被長兩百公尺、高二．五五公尺、重達四百公噸的水泥牆壓住，事發當時動用三部大型挖土機和二部怪手移開水泥牆。曾國琳被救出時已經斷氣，阿俊則受了重傷。

追問倖存少年當時情況，上工前他們沒有受過任何職訓，至於受傷時，包商只是到家探望，付了醫療費，接下來包商逃跑，不知去向。

二〇一七年十一月在彰化溪湖鎮也發生另一起職災事件。同樣是家境清寒的處境，十六歲楊姓少年在當地小型火鍋店打工時，因更換瓦斯桶不慎，導致氣體外洩爆炸，造成全身二六%的二度灼傷。他在加護病房醒來後的第一句話，是問來探視他的達德商工校長許維純：「有沒有別人受傷？」

楊姓少年的母親是新住民，父親從事裝潢，少年為了貼補家用而打工；在工作的兩個月期間，老闆沒有提供勞保和職前訓練。半年後追蹤少年情況，他還在休學復原之中，但不幸的是，他仍得面對其他燙傷客人對他提起的傷害告訴。

即便一路安全邁入成年，童工經驗也很難成為未來職涯的踏腳石。一來，他們很難從非典型就業轉入正職；其二，採訪到的童工和少年工多半需要照顧家庭，月收入如果有二萬元，幾乎有一半的錢要拿來做家用；更甚者，他們有限可選擇的工作，還會為他們累積許多的麻煩，像是為他們帶來大量的罰單。

▼難以銜接職場的惡性循環

事實是，臺灣的農村或都市邊郊沒有發達的大眾運輸，孩子們早在小學，最晚中學，就得騎車上路，甚至學會駕駛農地耕耘機和小發財車。

缺工的農場和工廠雇主面試時總會問：「有沒有駕照？」腳踏車在路途遙遠的地方

並不方便，自然需以二手摩托車或電動車代步，有時老闆或中間商還提供動力車給少年。雇主為了吸收人力而刻意忽略年齡，少年則是為了工作謊稱年紀，大家各取所需，沒人在意法令。

以土豆為例，他經常因無照駕駛被開罰，每張六千元起跳。今年三月過完十八歲生日，他才繳完兩萬多元的罰款，我們建議他成年了應該趕緊考照，但卻意外得知他因上不了道路交通安全講習的課[1]，無法考試。不久前，他拿著通知單到監理站，「監理站的人不讓我上課啊，他說要法定代理人一起上交通講習，我帶我哥去，他說不行。我跟他說家裡就沒『大人』，要怎麼一起上？監理站就說延期，找到監護人來為止。」

童工和少年工即便薪資微薄，多半還是需要揹負照顧家庭的責任。土豆從十五歲開始打工賺錢，噴農藥所賺來的錢，幾乎都用在家用和照顧生病的叔叔上。（攝影：余志偉）

土豆憤怒又無奈說：「應該拿我爸爸的遺照跟著我一起去上課。」

土豆房間裡，除了十幾隻從夾娃娃機夾來的熊抱哥，還醒目堆疊著不少帳單和罰單。其中有債權公司寄來，對已故父親手機費的催討，以及水費、電費和房屋稅單，和無數道安講習的催促信。老房子屬於失業許久的叔叔，二手車登記給哥哥，土豆工作三年，卻因未成年，名下沒有任何動產與不動產，而他噴農藥所賺的每分錢，都用來支付家用和照顧生病的叔叔。

採訪中遇到的少年們幾乎都像土豆這樣，時常轉換工作。他們寧可省下飯錢，把錢拿來買檳榔和香菸，因為一旦沒有東西提神，就難以支撐勞動密集、長工時的惡劣環境。

法令意在「保護」、大人幻想他們在校「讀書」，反而沒有意識到對少年們來說，得到一份正常的工作有多難，而工作的「銜接和轉介」又有多重要。

若無法為他們擋住現實的殘酷，那麼，有什麼方法，能讓他們的童工經驗不是負債，而是看得到有前景的職涯選擇？

有一群在前線服務的社工，很早就看到這個矛盾，他們試著找出方法，讓家庭失能的少年在工作起步時，不會永劫回歸地被拋回原點。

在少年領域耕耘二十多年，臺灣第一個青少年權益倡導團體——臺少盟，過去十年，祕書長葉大華全力投注在弱勢少年的培力。在她的經驗值裡，與失業的成人勞工不同，失學失業的少年極不穩定，一旦從學校中輟中離後就回不到學校，分散各地；如何找到他們，把這些人聚集起來上課，是高難度的挑戰。

找到了少年們，怎麼改變他們自信低、互動低和學習情緒上的低落？以臺少盟的「逆風少年大步走」的就業力培訓計畫為例，少年必須接受自我認識、就業態度等一百個小時的職前訓練，以及兩百個小時的職場見習。葉大華說，「三百個小時後，有少數少年被企業留用，也有的會回到學校，這過程幫他們的生涯定向。」

而臺中的張秀菊基金會也建立了一套方法：一方面改善少年的認知與態度，同時開發在地中小企業提供機會。他們的做法或許能為企業和民間非政府組織（NGO），提供一個有意義的參照。

▼化解矛盾，從即早陪伴開始

其實政府從二〇〇八年開始，就意識到得為底層少年搭橋，包括「少年On Light計畫」、「未未計畫」[2]，主要是協助提早離開學校的國高中生，順利就業。

被學生們稱作「小雄」的張秀菊基金會社工部主任彭俊雄，多年前曾執行過政府外包的少年On Light計畫，但後來基金會選擇中斷此案，就是發現計畫設計的三大缺點：太晚接住孩子、未提供住宿且課程呆板、缺少在地企業的協助。

首先，他們發現，如果不能在學校裡就接觸少年，離散後的少年會進入各種黑工。張秀菊基金會創辦人張良卿說：「就算十六、十七歲接到（孩子）時，他已累積很多人脈、錢脈，生活、金錢、情緒等都難以重新調整；若真的媒合給企業，老闆多數覺得你沒技術、沒學歷、態度不好，那幹嘛請你？」

所以三年前，當臺中市政府請託張秀菊基金會承接當年流標兩次的「青少年職涯輔導Light Up試探計畫」時，彭俊雄開出的條件是：提早接觸十四或十五歲有中輟之虞的學生、訓練過程住宿、提供高強度的生活學習和生命教育。

或許跟張良卿的成長背景有關，他六歲開始就因為家窮，跟母親到鄰居家的香菇寮半工半讀，之後創業，他知道底層者要從逆境中翻轉，得付出比一般人更多的努力。張良卿的母親獨自扶養四個小孩長大，年僅四十七歲便過世，他和妻子郭碧雲開始接觸兒少安置服務時，決定以母親名字為基金會命名。因為張良卿膚色黑，個頭高，孩子們都稱呼他為熊爸。

六年前他們從社政的兒少安置，進一步接受了學校來的中輟少年，以及從法院轉介來的司法安置少年，熊爸發現少年少女雖未達被送入社福安置的標準，但家庭功能極薄弱，不但欠缺生活上的指引，沒有人好好照顧，長期被傷害被否定，也累積大量挫折和憤怒。

當法官要求偷竊的孩子抄一百遍的《心經》或《弟子規》，或老師要他們坐在教室上課，張良卿說，這群從小得像大人一樣，處理父母的情緒、家庭的問題，有的在十三歲就打工賺錢或是飆車給警察追……這群少年需要的不是大量的文字學習，而是「陪伴」和「身教」。

▼荒野治療，建立「我能感」

熊爸張良卿十多年前在美國奧勒岡，學到當地社團透過「荒野治療」協助少年的方法：少年們在早上高達攝氏四十度、晚上零下六度的沙漠裡，進行九十天的訓練。荒野訓練讓人回到原始狀態，凡事倚靠雙手和意志力，重建少年們的企圖和自信。

政府和民間微型企業若能提供少年們友善且安全的職場環境，他們就有機會重新來過。圖中的少年正在為汽車貼隔熱紙。（攝影：余志偉）

由於熊爸接觸的少年個案多半來自中低收入或父母有精神疾患的家庭，他說：「沒有資源的孩子，更需要克服對物質的欲望，才不會去思考捷徑，走入犯罪。」

張良卿把這套課程搬回臺灣，在臺中石岡建立「沙連墩」訓練營地，做為少年職涯輔導課程的基地。熊爸和小雄在承接臺中市政府青少年職涯輔導試探計畫時，因為預算限制，將課程濃縮為七十七天。訓練主軸是生活自理、大量極限運動、心靈反思和探索。

生活自理包括：準時六點半起床；第一堂課要手作木工叉子和湯匙，自己生出吃飯的工具；學會用一天一人三十元的食材採買，也能吃得營養；學習鑽木取火，維持火苗，升火煮白米；要洗熱水澡的，得自己劈柴來燒。

生活自理外，是大量的體能訓練。包括會用繩結爬樹、推獨輪車清理農地、垂吊二十八層樓、南投鯉魚潭練習划獨木舟等。在這些生活與體力訓練中，教會他們獨立、學會工具的選擇與使用、環境與風險的評估等。

他們也設定幾個強度很大的結訓目標，包括在北臺灣的太平洋划船，以及中橫縱走一百多公里。熊爸說：「他們的環境裡沒有人做過這件事（正向自我挑戰）。以前鬧事，抽菸喝酒，吸引目光，但我們換個項目，划船或爬山環島，有方向地點燃他們的生存動機。那種『我能感』一旦建立，就難以忘記。」

熊爸說，這群少年很早就得自立，如果能照顧好自己的起居作息，能把正向成功經驗轉換到未來的工作，生活才可能穩定。

不夸談愛的教育，也極少表現出溫情，但熊爸和小雄主任親力親為，二十四小時跟著少年們生活，教會孩子過程中需要使用的工具、能力、心理素質。每晚的夜課，孩子圍成圈圈聊心事，一開始很酷沒話說，但最後圈圈愈圍愈緊密。「他們在家裡可能從來沒有這種被傾聽的經驗，」小雄說。

但找回生命動能的鍛鍊，是為了孩子進入職場做準備。

▼你的工廠可以借我們參觀嗎？

自己一路創業，也認識不少中小企業家朋友的張良卿，一開始幫助少年尋找工作時很掙扎，「朋友一開始都笑我，他們說我很傻，他們願意捐錢抵稅，也不願用不穩定的新手；到後來我轉個彎，不直接跟老闆們要工作，而是跟他們說：你的工廠可以借參觀嗎？」

參觀工廠增加了企業主和少年互動的機會。不希望少年未來只能出賣勞動力，於是他特別鎖定一群學歷不高但實作能力強、靠一技之長打天下的製造業及服務業老闆，同時邀他們進到基金會擔任榮譽董事，瞭解孩子的處境和背景。漸漸的，支持的老闆多了，孩子也有了去處。

走進臺中市太平區，鐵工廠林立，昆兆益在其中算有相當規模的，在太平有五個廠、兩百名員工，年營業額約四億元，為台積電等在內的科技業和醫療業製造精密機械與設備（六五%主攻外銷市場）。今年剛滿十八歲的李金輝，就是張秀菊基金會輔導的少年，他在一年前參訪昆兆益後，留下來實習並成為正式員工。

理著個小平頭，李金輝是整個工廠裡個頭最高、臉孔也最稚嫩的。家住太平的金輝，父親是到府服務的腳底按摩師，一個月約兩萬多元薪水，支持一家五口生計。金輝因為體型大，常被奚落，高職沒讀多久就中輟；他曾試著上網投履歷找工作卻不見回應，社區的教會介紹他到工廠工作，但兩個月內連續遭主管用髒話修理，無法適應而離開。

金輝是昆兆益過去三年，為基金會收下的第三位中輟少年。董事長吳睿鴻高職學歷，也是家貧，很早就當了童工，左手大姆指還缺了一截，這是他國中畢業後，半工半讀的第一個月在工廠打工受傷的印記。但吳睿鴻很感謝自己少年時遇到了好老闆，「新北市泰山有個老闆被我感動，決心教我連續模沖床加工的技術，這個際遇，有一技之長，改變了我的命運。」

帶著更多的同理，這幾年吳睿鴻成為張秀菊基金會的企業夥伴。每年他會花一天的時間帶孩子瞭解工廠製程，從畫圖、雷射切割、工具的使用，讓少年自己組裝出鐵製的老鷹，並送給孩子。「我想讓他們知道一個不起眼的鐵材，最後能成就什麼。」吳睿鴻說。

對企業來說，用一位毫無經驗的少年工作者，需要額外的耐心。吳睿鴻的想法是：「我有兩百多位員工，裡頭有三至四位需要等待的少年，不是什麼問題。」

在昆兆益攻牙部門的前兩個星期，李金輝就因為鑽孔出狀況，讓公司損失了幾萬元。金輝有點羞赧說：「我的第一張補單（要上呈補材料的單子）來的時候，有點緊張，但課長沒罵我，他只是提醒我。」

吳睿鴻特別喜歡把少年們交給有愛心的攻牙部課長林振華。林振華觀察這群少年，他說孩子們很認主管，必須要找他最信任的人、最合適的工作。林振華的方式是先讓少年當助手，教會器

讓需要工作的孩子們與企業主相互認識、瞭解彼此的狀況與需求，有時也是獲得支持的方式。左起昆兆益董事長吳睿鴻、李金輝與攻牙部課長林振華。（攝影：余志偉）

具的使用，學會評估風險，從鑽孔攻牙、震毛邊、識圖慢慢教起。李金輝因為夠努力，短短一年，在十六人的攻牙部門裡，已從員工、儲備幹部升到副組長，月領三萬多元。

金輝說他之前沒自信、怕出糗，沒有前進的欲望，但經歷過在中橫縱走，一天走過四十二公里後，人生就像褪去一層舊的皮，他意識到不能空等、不能害怕失敗，「我知道等，也永遠等不到要的東西。」

他喜歡現在的自己。不久前他買了臺二手車給父親，那一天他打給彭俊雄說：「小雄老師，我買了車，我能照顧家人，我完成我的夢想了！」

▼跳脫對價和效率的想像，建立友善職場

在協助少年的過程裡，基金會的社工除了要開發尋找在地企業、共同討論帶領的方式，也得確保企業生產線不中斷。熊爸和小雄就會為蹺班的少年代班遞補工作，到汽車行貼玻璃紙、到修配廠拉水電。這些舉動是讓企業知道社工的決心，也讓逸出的少年知道，有人不會放棄他們。

張秀菊基金會努力至今，目前合作廠商將近一百家，其中穩定合作的約有五分之一。而在基金會的統計裡，每一梯次二十位參與計畫的少年，約半數能完成訓練，其中約三位有機會穩定工作三個月以上。

這個留用比例或許對一般工作者來說，算不上里程碑，但第一線社工都表示這項紀錄已經不容易了。彭俊雄說：「從小就活在不確定的環境下，很難期待每個孩子很快穩定，但至少他們心裡種下種子，二、三年甚至更久後會發芽。」

少年需要生活、學習、工作完整的嫁接。政府和民間微型企業若能提供他們友善安全的職場環境，讓他們停留學習，有機會重新來過，並跳脫對價和效率的想像，才能讓童工們脫離黑工市場，在顛簸中穩住人生。

目前形式化的法條和未嫁接的做法，無法解決糾結的童工困境。

就像土豆，以及無數的「土豆們」，明天能否好好過下去，都是種奢望。

五月底，在三十五度的烈陽下，一望無垠的田地上，我們站在田邊柏油路旁看著土豆噴藥，他嚼著檳榔喝著很甜的麥香紅茶提神。這一刻我更瞭解他為何下工後要和朋友去夾娃娃、到廟口前大口喝啤酒，看著清涼的鋼管女郎演出。

罰單和法律的限制、沒有健保和勞保、有限的工作選擇、狹窄的人際網絡，十五歲就一路自力更生，在那個卡卡的人生裡，只有這些小確幸，能夠讓他暫時忘卻高密度勞動的疲累，和家庭的破碎。

攤在他眼前的，只有自己。

農村的夜晚，月光指路。他拎著今晚夾來的熊抱哥，蕩悠悠地走回那無人看望的家。

土豆淡淡的口吻裡透著滿心蒼涼：「做工作，一個一個換，有做有錢，沒做沒錢啊，沒做，有誰要理我們。就是家裡什麼都沒了，沒有大人，什麼都沒有了，所以就只要工作就好了。就這樣，普普通通過日子就好了。」

一切只能淡淡以對，才能不絕望，也才不渴望地，繼續活著。

（本文作者：李雪莉）

這些自力更生的孩子們，透過放工後的小確幸，暫時忘卻勞動的疲累與家庭的破碎。（攝影：余志偉）

注釋

1 未滿十八歲之人，違反《道路交通管理處罰條例》第二十一條，汽車駕駛人及其法定代理人或監護人，應同時施以道路交通安全講習。依法土豆必須和監護人一同接受道路交通安全講習課；最後我們請土豆之前的老師協調監理站人員，由老師陪同參加，才得以解決。

2 「未未計畫」是接替少年 On Light 計畫，全名為「未就學未就業青少年關懷扶助計畫」，負責單位為教育部青年發展署。

3 一封燒毀的爸爸遺書——沉默的藍領單爸與下一代

爸爸死的那一天，我正準備兩天後的高中會考，嬸婆騎車到教室找我，第六感告訴我，他出事了。回到家，知道爸爸燒炭自殺了。我是他唯一的女兒，他是個很疼小孩的好爸爸，從來沒有打過我。也或許是唯一的女兒，他不要我因為他，過得太辛苦。

我是第一個看到他遺書的人。上頭滿滿都是在擔心我。遺書上寫著希望我可以去考警察，希望我的未來可以順利美好。遺書上，也寫著他的不甘心。看了很難過。

他是在工作時認識生下我的媽媽，兩人沒結婚，過了幾年就分開。爸爸只有國中畢業，交到壞朋友開始碰毒品，進出監獄很多次。在鄉下地方，只要你有前科你就是只會犯錯，村裡發生什麼不好的事都以為是你做的。爸爸找工作很不順利，不是不願意找，是因為鄉下工作機會非常少，工廠也少。他送過貨、開過車，後來喝美沙酮戒毒，身體慢慢沒辦法承受太勞累的工作。

除了每天載我上下學和去喝美沙酮，其他時間他都把自己關在房間，我一開始不知道原因，他自殺後，我才發現是他心底受傷。

他只能跟家裡拿錢，他是我阿嬤的大兒子，阿嬤對他失望，覺得他沒用，阿嬤的表現讓爸爸很難過很受傷。我一直都很心疼爸爸的遭遇，他其實有心要改，但因為很多眼神和態度讓他受傷，失去了要改變的動力。社會看人的眼光都很勢利。

爸爸的遺書最後被燒掉了，因為大人有用問神明的方式問爸爸，爸爸表示放下了，也希望我把他放下，要我別再去在意這件事，去原諒那些人。

——佳儀（化名）

佳儀父親死後，阿嬤照養她基礎的生活，但戶口名簿裡，佳儀成為孤單一人的戶長。過去三年，佳儀努力拋掉心碎的記憶，全力衝刺考試，同時在村裡的冷凍工廠打工賺錢，儘管摳門的鄰居老闆吃定她沒人撐腰，時薪只給一百元。

二〇一七年她北上就讀大學，為了省錢，每天下了課，就把晚餐買回宿舍，待在那個小空間裡讀書，沒有參加社團，也幾乎不與同學出遊。她從未向同學吐露自己的出身和爸爸的故事，不讓同學知道自己有個吸毒和燒炭自殺的父親，希望能走出和父親截然不同的人生。

但爸爸的身影會時不時地進入夢裡。她會想像爸爸走頭無路寫下遺書時的無助，但她也會想起她在後頭環抱著騎著摩托車的爸爸，他們刻意避開鄰居的眼光，繞進小路，整條路上只有父女倆。

佳儀爸爸的遭遇，並不特殊。不幸經常降臨在弱勢者身上，這些年尤其又挑中這群男性。

失業的藍領爸爸，是臺灣過去二十年來「新生」的一個群體。

▼失業、失婚，陽剛形象受挫

對於臺灣底層男性生命史的變化，臺大社會系教授藍佩嘉有深刻的觀察。這兩年她有機會就到新北板橋和宜蘭小漁村的小學裡，與孩子的父親們深談。「我發現他們普遍都有（負）債，有的是有黑手變頭家的想像，但最後投資失

佳儀北上讀書，但潮溼的氣候讓她很不適應，常常生病。（攝影：余志偉）

利，有的是工作不穩，用卡借錢最後還不了，債務影響了婚姻，有的就離了婚。」

藍佩嘉說，漁村裡，願意留下來的女性只剩新住民媽媽，而夫妻雙方都是臺灣人，多半只剩爸爸或是阿嬤留下。

剩下的男人們，他們的生活，一般中產階級家庭難以想像。五十幾歲以上、以前跑過船的男人，沒了工作，也不願做小工，他們不願意切切魚飼料，整理櫻花蝦，就在家喝酒或看電視，這種中產階級難以想像的父親角色，卻是村裡的日常。

他們生活花費不高，社福團體會送來大量白米，家庭成員要活下去並不難；困難的是這群在父權文化下成長的男性，陽剛的父親形象漸漸被重挫，也為他們的婚姻和下一代教養徒增變數和風險。

面臨收入減少、再就業困難或是負債，每個男人處理和面對的方式不同。有的人喝悶酒、自我封閉，安靜但不製造家人多餘的困擾；但有的人一旦尊嚴被挑戰，會以激烈手段回應家庭和社會。

這群失業藍領父親，更經常遭逢婚變的打擊。

社會上過往認為教育程度高者離婚率也較高，但這個情況已出現巨變。

中研院社會所副研究員鄭雁馨就爬梳了臺灣自一九七五年至二〇一〇年來，教育程度與離婚間的關係，她從內政部記載的離婚資料檔案中發現，臺灣社會的高離婚率，已轉由中低教育程度者的大量離婚撐起。[1]

這些「失業、藍領、單爸」就像佳儀爸爸一樣，不知不覺遠離自己理想的人生，走向一個無解、甚至絕望的命運。

而他們的下一代有的是提早接手，替代了原本該由父親持家的角色，也有的是無人照料，在外地或在安置機構中流浪生活。

在我們走訪的中輟學園、安置機構裡，超過五成以上的孩子來自藍領單親家庭，其中又有一半以上來自臺灣父親和新住民媽媽的組合。

為數不少漂洋過海來臺的東南亞新住民，在臺灣經濟情勢劇烈轉型的時刻來到這裡，她們目睹這群「失業、藍領、單爸」的轉變與處境，也最明白在這種家庭中生活的女人和成長的孩子，會遭遇什麼樣的苦楚。

▼外籍配偶眼中的臺灣丈夫

今年四十歲的阮理厚，二十二歲從越南胡志明市嫁到雲林莿桐鄉。儘管已離婚長達十年，阮理厚談到前夫時，聲線還是因情緒而變得高亢，她說前夫在家中沒有地位，夫家把她當成生產和賺錢的機器。為了讓一家三口從丈夫的原生家庭中獨立出來，阮理厚曾在北臺灣的工地奔波，攪拌水泥、搬磚頭，打著每天一千兩百元的零工。

「我早上就坐貨車去工地，連續下雨或沒工可打就回莿桐，連續三年。我去外縣市工作後，接到他打電話來，每通電話都說，小孩子補習費到了，水費電費要繳了；房子登記他的名字，他居然這樣跟我開口。有次我回家，看到他在家裡打麻將，卻把小孩給別的女生帶，我猜到他有精神外遇了，而我還在幫他打工！」阮理厚幾乎記住所有的細節，彷彿一切昨天才發生過。

阮理厚描述她近二十年來在臺灣所觀察到的跨國婚姻樣貌：「臺灣有句話，『江山易改本性難移』。現在娶外配的男人，素質可能好些，但之前娶外配的男人都是比較鄉下、人長得比較粗比較黑、做農的、學歷不高的、沒有時間交女朋友，卻想傳宗接代。一百個有九十九個都是沒能力，是個混混，水準不夠高，臺灣娶不到，就去國外娶，花幾十萬娶個外配回來，思想與觀念都是很懶，沒想到將來。外配來了後，我們想做什麼都不被尊重。」

她沒有停頓，流暢地夾雜中文和閩南語，向我們描繪她所看到的臺灣底層男人。

靠著漢越及越漢兩本字典，以及大量看電視學中文，離婚後，她自學美甲，如今在斗六市開美甲工作室，也擔任移民署的美甲講師。阮理厚說，希望自己過來人的故事，能鼓勵這群受壓抑的新住民。

臺灣男人與東南亞女性的婚配高峰，約在兩千年前後。根據南洋姐妹會執行祕書李佩香粗估，外配來臺後與婆婆住在一起的比例高達七成，這些家庭的普遍狀況是經濟弱勢與觀念傳統。

李佩香在二〇〇二年透過婚姻仲介自柬埔寨嫁到新北市，那一年她才剛滿二十歲。「一九九七年我們村莊就有鄰居女生嫁來臺灣，我阿嬤交待過爸爸不能讓我嫁來臺灣，阿嬤有華人血統，知道華人重男輕女。兩千年婚姻仲介更多了，村莊家裡左右前後的女孩都來了。那時金邊混亂，傳聞會打仗會內亂，我爸爸太擔心，看到別人女兒過去了，反應不錯，平安，沒事，就叫我也去了，他說至少家族有一個人活著也

從胡志明市嫁到雲林的阮理厚，靠著漢越及越漢兩本字典及看電視自學中文。走過不愉快的跨國婚姻，如今的她，開了一家美甲店，同時也是移民署和許多學校的美甲講師。（攝影：余志偉）

好，而且他想像臺灣的婚姻是彼此尊重的。」

「結果讓我們驚訝的是，在臺灣不少家庭重男輕女，結婚了，把南洋姊妹用成像幫傭的程度，就算嫁到有錢人家，還是做得要死。」採訪李佩香和南洋姊妹們對父權社會下成長的臺灣男性，普遍得到的，是這樣的說法和看法：

臺灣男人，我跟你說，沒錢的都很廢；
有工作做會挑會愛面子，不一定做，有經濟一點的人搞外遇；
看到妳太有能力，就會擺爛。
只會跟妳睡覺，不會煮飯，不會做任何事，不會教養小孩。
婆婆們苦過來，對錢看得很重控制欲強，以為姊妹都是來「挖錢」的。

二〇一七年十二月，內政部出版《外籍配偶歸化後婚姻狀況之研究》，揭露臺灣人與東南亞新住民婚姻離異的驚人比例。

這份報告顯示，在二〇〇八年至二〇一六年間，歸化為臺灣籍的東南亞配偶有五萬五千八百五十五名，其中離婚人數達一萬三千七百六十九名，離婚率高達二四％，相當每四位與東南亞外籍配偶結婚者，就有一位以離婚收場，比例遠高於臺灣總體離婚率的一四%。2

臺灣第一位新住民紀錄片導演阮金紅，二〇一二年拍攝的《失婚記》，就描述新移民姊妹來臺卻離婚收場的故事，像是片子裡頭二十二歲的金蘭說，「以為嫁來這邊（臺灣）比較好啊，男人不會喝酒，但我剛來就被打了。」或是片中外籍配偶孩子的畫圖紙上，是酒後父親踩母親肚子，媽媽哭泣的場景。

三十九歲的金紅來臺十八年，她就是從被家暴、離異到自立，一路在荊棘裡挺進，《失婚記》等於是從她們的視角出發，看到新住民姊妹被臺灣丈夫精神和肉體虐待的景象。

以金紅為例，她嫁到彰化夫家不久，就頻繁接到債主的討債電話，她才發現另一半從當兵時就開始賭，有賭博惡習且持續換工作，金紅得靠打零工賺錢養孩子。「錢沒有，是可以接受的，一起努力，可是先生開始家暴，把我甩在地上或拋向牆壁，而且打得剛剛好，不會有明顯外傷，是有內傷的那一種。」「他吃定我還沒拿到身分證，我一直忍著。但最後我看到先生用衣架嚇小孩，決定不再忍，忍是反效果的。」二〇〇八年時，金紅向法院申請保護令，也順利爭取到女兒的監護權。

目前金紅定居在嘉義民雄，並創立推廣新住民文化的「越在嘉文化棧」，她說，在新移民眼裡，「另一半薪水不高都不是問題，而是臺灣男人普遍媽寶，不懂得尊重；當女人想做事走到外頭，男人開始有壓力沒安全感，接著恐懼。」

金紅還是幸運，她順利拿到監護權，後來遇到一位善待也尊重她的臺灣伴侶。

但她不捨有些姊妹的處境：「孩子很需要媽媽的照顧。有些姊妹沒爭取到監護權，也會想回去看孩子，但回去後，老公不准太太把孩子帶出去，他就是要把媽媽跟孩子的關係切斷；再不然就是開條件，要妳每個月付幾千元的扶養費，然後常會編理由說孩子補習不在家，姊妹們只能去學校門口偷偷看孩子。狀況連續幾年，最後媽媽也只能放棄了。」

在金紅周遭，拿到臺灣身分的外籍配偶，會想辦法去探望孩子；若尚未拿到身分，又拿不到監護權的，就只能回母國，與孩子天涯各據一方。

但桃園地方法院法官孫健智，在家事法庭上也有其不同的觀察。

孫健智說，新移民的離婚官司通常有兩種普遍的現象：一是外籍配偶出境離臺許久，由丈夫向法院訴訟離婚，這時因為外籍配偶無法上法庭，孩子一定會判給爸爸。但若夫妻雙方都能進法庭陳述，法官目前的傾向是判給媽媽。孫健智解釋，「（我們）普遍發現爸爸在法庭上的表現不好，低自尊的他們面對太太有各種委曲和懷疑，也許從社會結構的角度上來說，他們的處境值得同情，但怎麼也無法合理化他們的家暴，或是他們的無用。」

目前擔任行政院新住民事務協調會報委員的阮金紅認為，新住民離婚增加的趨勢還未過去，「她們來久了，被壓迫久了，姊妹一直在成長，不管在工作或做生意，能扶養自己與孩子的生活，但夫家可能一來年紀大，二來不願改變，不願理解多元文化，溝通充滿磨擦，缺乏自信就想控制人。這離婚率還是很嚴重的，會愈來愈高。」

▼被拋出傳統產業鍊的中低技術工

與南洋姊妹婚配的男性，年齡普遍較高，集中在三十五到四十九歲，而他們的教育程度則普遍低於社會平均：四成二國中以下，五成四是高職和專科學歷，僅有約三％大學肄業或以上學歷。[3]

身處弱勢單爸家庭中的孩子，不論在學習與發展都非常不利，孩子常常只能靠自己的努力長大。（攝影：余志偉）

但不論男人的婚配對象是外籍配偶或臺灣女性，這群學歷偏低，工作轉換不順利的男性，與兩千年前後受全球經濟重組而被傳統產業拋棄的工作者，有相當比例的重疊。

中研院社會所副研究員林宗弘深入研究臺灣轉型的經濟與社會，他指出，全球化後產業轉型的過程中，發達國家的製造業被外包至海外工廠，臺灣雖然沒有像美國或歐洲有清晰可辨的鐵鏽地帶[4]，但在地理上，中南部的工廠確實拋出了一批批中低階的男性藍領。

底層男性不像女性較能適應服務業的經濟體。「也不像教育程度較高者，有足夠知識能力和資源跟上轉型的腳步，他們長期在工廠與其他男性相處，重複操作同一套技術，原有的能力用不上，讓他們的地位和權威很快地瓦解。」林宗弘分析。

被拋出原有經濟體的藍領底層男性，在工作市場和婚配市場，都顯得手足無措，處於被決定的命運。

婚配原本是社會階級流動的方式之一，但當這群男性的工作被業主以外籍移工所取代，而他們的工資與同階層女性拉近後，也讓最低階藍領男性的婚配吸引力降低。[5]

一九八一年前，男性長期做為家庭的經濟支柱，收入確保了他們在社會和家庭裡的地位和權威。不過，一九八一年到二〇一六年，女性工資平均占男性工資的比例，已經從六四．二%拉高到八七%。

即便低階藍領男性結了婚，不論婚配對象是外籍配偶或臺灣女性，也比其他階層更難維繫家庭的穩定。

▼走入沉默單爸的世界

低社經、藍領、單爸因為多重不利因素，面臨比其他階層單親男性更多的困頓。當社會不斷強化一對好父母或好家庭該提供的教養和形象，低社經單爸們無力給予，他們傾向把教養的責任外包給自己的母親，上了年紀的阿嬤成為主要照顧者，而有些單爸則連後援都沒有。

鄭雁馨長期研究離婚所帶來的不平等，她說：「身處弱勢單爸家庭中的孩子，學習與發展是非常不利的，他們的孩子只能自己長大。」

就像文章開頭所提到的佳儀，她從小沒有見過母親，主要由阿嬤照顧，又或像金紅在偏鄉看到的狀況：「我這邊（民雄）有些媽媽被趕回越南，孩子跟爸爸的，家庭領著低收（補助），錢進了爸爸和阿嬤的口袋，孩子只能從小工作養自己。」

這個社會能怎麼給予他們和他們的孩子，更多的支持和後盾？

其實從二〇〇九年開始，政府就意識到單爸的增加。當時政府將實施九年的《特殊境遇婦女家庭扶助條例》修正為《特殊境遇家庭扶助條例》，意識到特殊境遇的家庭裡有不少單爸，於是以「家庭」置換了「婦女」兩字。而新北市在二〇一五年特別成立「男性單親關懷專線」，新北市社會局局長張錦麗說，這是因為發現單爸與過往單媽的情況差異很大，於是提供專線諮商。

新北市婦幼發展協會呂慧驕擔任社工二十年，她說親自面訪單親家庭的經驗裡，九成單媽願意開門並接受協助，但卻有高達八成的單爸拒絕開門。呂慧驕說單爸們最常出現的反應是：你們來做什麼？我不需要你們關懷我。

如何讓單爸也願意向社工訴說、接受協助、參與親職課程？社工們於是透過專線的設計，讓男人們不必露臉，也能對外求助。

目前新北市男性單親關懷專線，每年約有三百人次的諮詢者（人數約七十位），多半是做工的男人，但白領單爸這兩三年也快速增加。呂慧驕說，相較之下，藍領工人有經濟壓力，他們需要更多資源的轉介，從經濟援助、育兒指導、小孩特殊教育的需求等，當藍領單爸願意打電話進來，就是卸下心防的開始，而這些單爸們在專線裡最常和社工談的話題是：我為什麼離婚、離婚後心理的壓力、該怎麼照顧孩子、該怎麼找到工作等等。

社工們最擔心的其實是和單爸生活的下一代處境。「當大人心情不好時，會影響孩子的起居生活。有一餐沒一餐，或是好幾天沒洗澡；大一點的孩子學習可能會落後。」

呂慧驕說。

有學者認為應該積極訓練底層藍領男性的技職，但也有學者認為這群男性在全球化的資本主義和陽剛形象的重挫下，身心都被困住，「政策現在是治不了困在過去經歷與傷害的那些人。」林宗弘說。

這群底層男性，以及他們的家庭和下一代，像眾多龐大的冰山，我們看見的廢墟少年，只是浮在海上的冰帽，但未被覺察的、深深埋在海洋深處的，是一個個被時代巨輪輾壓的家庭，而那是源自經濟變遷、勞動人口的流動和婚配組合改變的歷時結構。

二十年的積累，冰山變得巨大，藍領單爸和他們的子女被壓制在經濟與社會的底層，無法動彈。上一代不小心就成為社會新聞上的一個數字，極端時就像佳儀的父親，沉默地留下遺書，放棄自己，而下一代得隨時準備拎起自己，避免墜落更深層的黑暗。

像是反諷著號稱進步著的臺灣，他們的無語是一個震耳欲聾的存在。

受傷的不會只是數萬個家庭，犧牲的也不只是底層兩代人。終究，因為經濟資本和文化資本的匱乏，造成的貧窮世襲和階級固化，會在某個時間點以社會無法預期的方式，給我們一擊。

（本文作者：李雪莉）

注釋

1 鄭雁馨，〈家庭行為的社會不平等：臺灣社會的新挑戰〉，《中央研究院週報》一五一〇期，二〇一五年四月二日。

2 劉黛君，《外籍配偶歸化後婚姻狀況之研究》，內政部統計處，二〇一七年十二月。

3 劉黛君，《外籍配偶歸化後婚姻狀況之研究》，內政部統計處，二〇一七年十二月。這裡的取樣是從二〇〇八到二〇一六年歸化為台灣籍之外籍配偶的另一半面貌。在內政部的研究報告裡，離婚比例最高的前三大年齡層，分別是「二十五至二十九歲」的外籍配偶對上「四十至四十四歲」的臺灣男性（占一二．五五％）、「二十五至二十九歲」的外籍配偶對上「三十五至三十九歲」的臺灣男性（占一〇．四八％）、「二十五至二十九歲」的外籍配偶對上「四十五至四十九歲」（占九．三％）的臺灣男性。

4 鐵鏽地帶（Rust Belt）是指美國中西部和五大湖地帶，從賓州、西維吉尼亞州、俄亥俄州、印地安那州、密西根州南部等地，是美國二十世紀中期的工業重鎮，被稱為工廠帶、鋼鐵帶；但這些工業城鎮在一九八〇代後，因煤炭、紡織、鋼鐵產業的衰落，工作外移而工廠停工，廢棄的煉鋼爐和鏽跡斑斑的工廠，失去工作的藍領，讓這裡從工廠帶變為鐵鏽帶。

5 鄭雁馨，〈後工業化的台灣社會中婚配選擇之教育程度差異的變化〉，二〇〇〇－二〇一〇，二〇一四年。此研究中觀察二〇〇〇年至二〇一〇年，「教育同質婚」的比例由三九％增加至四三％，教育程度相似者同婚的比例高，尤其是高等教育族群，而「教育異質婚」中，以女性上嫁給教育程度較自己為高的「上嫁婚」為多，且有增加趨勢。中低社經男性變成了婚姻市場中最弱勢的一群，也是結婚率最低的群體。

PART 2 ▶
體制的背叛與救贖

當父母缺位，當家庭失能，國家公權力就要介入照顧孩子。
這些年，政府努力建立起一套體制，用來弭平家庭資源落差對少年的影響。
不管是透過學校推動「補救教學」、接住有中輟之虞學生的「中介教育」，
或者是結合社工編織而成的安全網，
都是希望藉著體制的力量，接住下墜的少年。

然而，這套用來協助少年的系統，
卻因分割式的政策、匱乏的前線人力，少年依舊在福利體系中流轉；
臺灣目前過度倚重機構安置，在機構嚴格的管教下，
甚至衍生出諸如霸凌、性侵等問題，讓孩子無法好好成長。

體制原本是要給受傷的少年救贖，
少年感受到的卻是背叛。
政府如何避免虛擲資源，進而讓資源到位、讓少年感到希望？

1 在孩子墜落前——掙扎中的補救教學與中介教育

臺東大學師範學院院長、前國家教育研究院副院長曾世杰蹲點臺東整整二十五年了。在美國攻讀教育哲學博士畢業回臺後，他沒有選擇留在大城市，人生有多次機會「往北走」發展，卻始終沒考慮過，而是一直待在距離老家花蓮玉里較近的臺東。

在這裡，他為未來的老師們開設了「中小學國文英文補救教學」課程。為了這堂課，他帶著大學生進入小學，「我們要找學習上最困難的小朋友，請他們幫助我和我的大學生學習。」

沿著臺東海岸，從最北的長濱到最南的達仁，一百五十公里路程，開車要花上三個小時。說要「小學生幫助自己」的曾世杰，其實是在幫助學習有狀況的學生，找到適合的學習方法。做為教授，他長年在臺東大學的特殊教育中心裡，在第一線值班接電話，為教學現場的老師提供諮詢。

但六月初，總是帶著笑容的曾世杰，在一場與特教老師的個案評議會裡，看到一位小學六年級布農男孩的日記，他的心難過地揪了幾回。

這位男孩住在全臺人口密度倒數第二的鄉鎮。男孩在一所迷你學校裡就讀，一到四年級，班上只有他一個人，五年級時他轉到另一間學校，來到許老師班上，老師發現他讀寫算的能力，遠不及同年級應有的程度。

許老師是中壢客家人，因緣際會從花蓮的代課老師當起，在臺東落地生根，在國小教書近二十年。許老師還記得剛接到男孩時，男孩寫下的國字都是分解的，部首和位置不對，能使用的詞彙也不多。

她開始鼓勵男孩寫日記。在她手邊，留著男孩五到六年級，四個學期的日記，上頭記錄著他的喜怒悲忿：

民國一〇六年四月二五日

今天回去時，我就非常開心因為我的媽媽回來了，而且她要在這裡住三天……我要好好珍惜這三天和媽媽在一起的快樂時光。

民國一〇六年五月一二日

今天早上老師在辛辛苦苦地改功課時，老師就狠狠兇兇地罵了我一頓，我就很後悔自己寫的功課，因為我昨天一直心不在焉地做功課，所以我希望自己要反省。

民國一○七年二月二八日

昨晚在睡覺時，我就夢到了一個害怕又感動的夢。在夢裡，我最害怕的就是沒燈，跟沒有人陪著我，在我很害怕時我就想到了，阿公曾說過，○○，如果我生病了或離開你了，你要記住你要好好地讀書，不管家裡怎麼了，你只要乖乖地長大，養自己就好了……我希望不要再有惡夢了。

民國一○七年四月九日

……寫數學時一直錯，直到老師叫我唸題目，才破解了這一題……下次要讀完題目。

民國一○七年四月一○日

今天回去時，我就趕快寫作業，因為我不想一直再退步了。

民國一○七年四月一四日

今天晚上時，我就很生氣，因為大伯又喝酒了……亂罵人，我希望大伯能快清醒。

民國一○七年四月二○日

今天去醫院時，我就生氣，因為我的叔叔喝太多酒了……連累了別人……酒是一個很不好的東西。

民國一○七年四月二一日

……正當我要去玩時，牧師就叫我去他家裡寫作業……

布農男孩學習落後的情況，和曾世杰長期掌握到的臺灣弱勢生情況相仿。曾任國教院副院長的曾世杰以臺東為例，「後一六%的臺東國三生的識字量，不如全國小學三年級的平均。」

為什麼義務教育沒能讓每個孩子具備最基本的能力？

曾世杰想著男孩的學習歷程，破碎的家庭、斷裂的學習，但男孩卻也在短短兩年間，能寫出順暢的句子、表達想法。曾世杰更難想像的是：「那位永遠抱著希望，想把學生帶起來的許老師，到底是什麼力量，讓她願意花這麼多時間去陪伴這麼一位令人心疼的孩子？」

許老師的陪伴有點像電影《春風化雨》或《魯冰花》裡老師形象的再現。低調不願具名的許老師說：「男孩父親很早過世，叔叔和伯父酗酒，阿公照顧生病的阿嬤，他回到家，一切的學習幾乎是『零』。」所以，每一天，當男孩上完四點到四點五十分的補救教學後，她會把他留下來指導作業，常常留到晚上七點。

接手男孩時，他九九乘法不會，加減法不會，除了每天課間和課後的輔導，許老師與男孩還會上演這樣的日常：許老師騎著摩托車，從學校穿越另一個鄉鎮，載男孩回部落，上車前她對男孩說：「你要背對（九九乘法）喔，背錯的話，老師的摩托車就會慢下來，我們就只能晚一點回部落。」

背大聲點，讓整條河都聽到。就這樣，男孩很快學會了九九乘法。

現在男孩北上桃園，跟著姑姑一同生活，許老師跟姑姑保持聯絡，討論男孩的狀況。她確信，只要有適度的陪伴和監督，這個孩子的學習狀況是可以改善的。

許老師和男孩的互動很感人，但諷刺的是，為什麼脆弱家庭的孩子，當家庭之網沒有提供適當的教育與輔助，進入到國民教育後，卻面臨長時間的學習空轉？而又是為什麼，我們總在期待「超義務型」的老師出現？

萬一，這樣的幸運，始終沒有降臨呢？

政府近年推動不少「積極差別待遇」的政策，想弭平家庭資源對孩子產生的落差，對弱勢生投注更多資源。然而，這些政策經常期待「超義務型」的老師和社工來協助底層孩子。（攝影：余志偉）

▼以積極性差別待遇彌補家長的空白

當我們從教育輸送帶的國小、國中、高中，一站一站走下去，愈能聽到來自國高中老師的心聲，他們對接手到的孩子表現，感到震驚：

有七年級學生來的時候竟然只會寫自己的名字，那他在幼稚園，還有國小六年，到底有沒有人知道他會不會寫字或講話？

有次教一位高一學生 now 這個字，他不知道，我告訴他是「現在」的意思，學生問說「現」和「在」怎麼寫？我才發現，不只要教英文還要教中文。

有的孩子到了國中還不知道怎麼洗澡刷牙，蓮蓬頭沖一下，只擦手臂，不知道要洗全身。脖子永遠黑黑的。缺乏生活自理的能力。

如果教育是一張編織綿密的大網，網上的破洞是從哪開始的？

事實上，為了彌補家庭變化帶來的衝擊，政府近年推動不少「積極差別待遇」（positive discrimination）的政策，想弭平家庭資源對孩子產生的落差，對弱勢生投注更多資源。

最明顯的政策要屬一九九六年啟動的「教育優先區」，透過找出學校裡經濟弱勢、單親、隔代及新住民子女，提供孩子課後照顧、交通補助、為家庭開設親職課程等，試圖藉由學校的力量，彌補「家長的空白」。

而這些積極的差別待遇，為什麼依然難以帶起學習落後的孩子？

跟著家庭功能不彰的孩子，走一趟國民義務教育的旅程，便能窺知一二。

以二十年來，針對家貧和學習脫隊學生的「補救教學」政策為例，理想到現實間有著斷崖般的落差。

每年教育部或縣市政府會針對國中小學生的學習能力，進行「篩選測驗」[1]，確保學生具備各教育階段基本的學科能力（學力）。一旦學生測驗未過，學校就能向教育部提出申請，為學生開設「補救教學」。[2]

政府每年花費十五億元，提供十幾萬中小學生「補救教學」，但許多人覺得政策效果不彰，學生並未「有效學習」。

屏東大學教育行政研究所副教授劉鎮寧，從二〇一五年起，擔任臺東縣教育局長兩年半。談起教學現場，他心急如焚：「離中央政府一百多公里的地方，不論是嘉義縣從海邊到阿里山，或是臺東市區往部落走，末梢神經是經常性麻痺！」

劉鎮寧說的「麻痺」，是指現場老師習慣把白天的教法在補救教學時段再教一遍，卻沒有察覺孩子是否真的被教好、被教會，「目前的補救教學是完全沒效的。」

他擔任局長時發現，臺東國小學生的月考成績經常遠高於政府每年為學生做的學科能力檢測，他訪查現場才知道，這是因為老師平時出了過於簡單的試題，沒有給學生足夠的挑戰，長期下來，學生的學力明顯落後，「結果八年級的數學程度還停在小三，但中學老師卻用現在（八年級）的課本教下去」，他批評目前的教育普遍存在「盲目的教學」。

為了解決「學習的假象」，劉鎮寧當時強力要求臺東縣國中小監管學生的學習能力，更進一步要老師們適度找出並「下修」學生的學力，從這個基礎上來教；但這種為孩子量身訂作教學、強調學習能力的要求，也曾引發基層的反彈。

教學現場不是沒有人努力尋找解方，但有效學習擴散的速度牽涉了老師、學生、家長之間的配合。劉鎮寧和曾世杰兩位大學教授就經常聽到國中小老師說，「我們再怎麼努力都沒用，因為他們有這樣的家庭。」

家庭反而成為部分老師逃避責任的藉口。

▼中輟率的背後

於是，國民教育旅程的缺口，就從中低年級學科學習的大量挫折開始，到了國中，加大的升學壓力，學習落後的孩子容易成為大家眼中的「問題學生」，他們的成績拖累班級、生活能力和溝通技巧不佳……於是遭受同儕歧視，開始遲到早退，漸漸的，他們其中有些人就在老師的默許下，不進教室學習，有時在操場遊蕩、在學務處趴睡，無所事事。

也是在這個時候，孩子令人措手不及地陷落。

從教育部國教署的統計來看，一〇五學年度，國中小中輟人數約三千四百四十六人，國中生占了近九成[3]，而高中中離生人數高達二萬三千名。

目前《國民教育法》規定六到十五歲國民必須接受教育，並用《強迫入學條例》來規範入學，學校只要發現學生連續三天未到校就算中輟，要向上通報。

這個層層督導的系統是這樣運作的：一旦有中輟生，學校要向上級通報；各縣市教育局處每個月討論中輟生

如果教育是一張編織綿密的大網，網上的破洞是從哪裡開始的？圖為一名國中生正走過校園防墜安全網。（攝影：余志偉）

情況，召開跨局處會議，請警察局或少年隊協尋中輟生；而教育部每半年召開一次縣市中輟督導會報。一階又一階監管考核。

由於校長的考績取決於教育局處長，中輟率又是評鑑學校的項目之一，於是教學現場有不少「作弊」方法：像是老師跟學生打商量，三天中輟期限前一小時回學校報到、請家長簽病假單等等；而過去幾年教育服務役承擔了學校協尋中輟生的業務，但二〇一九年開始將不再有役男分派學校，人力將更為吃緊。

至於十五到十八歲的高中職學生，由於沒有《強迫入學條例》的控管，無法規範家長和學生，不少高中職經常面臨暑假一過，學生中輟數字就大幅飆升的狀況。

不論哪個階段的中輟率，一旦孩子開始在外遊蕩，失學也失業，很可能落入地下經濟或被犯罪集團吸收。中學畢業後未升學未就業的少年，很容易失聯。教育部就曾針對一〇四學年度，應屆國中畢業未升學未就業者，進行追蹤，一千多名雙失少年中的失聯比例，高達一六%。[4]

教育部在國中階段設置了緩衝式的「中介教育」[5]，試圖填補這個洞口，想接住家庭失能且有中輟之虞的學生，避免他們過早離校和停止學習。

目前的中介教育，是否能順利接住他們呢？

▼對底層孩子的刻板想像

距離淡水河口二十分鐘的車程，沿著北部濱海公路往上走，彎進一條寂寥的小巷，正德國中賢孝校區在眼前展開。這所不特別引人注目的學校，是廣大幅員的新北市裡，唯三所設有慈輝班的中學之一。

這是個二十四小時在運作的校園。傍晚多數學生放學回家，但老師們開始忙著十位住校生夜晚的生活。

五點，國英數自的分科老師指導他們作業。

六點，廚工阿姨送上熱騰騰的飯菜，學生與生輔老師圍坐在兩個方桌共餐。

六點半到八點，孩子們烘焙餅乾、看電影、練英文，其中一天晚上，社工老師帶小團輔。

八點半過後：回到宿舍，孩子整理和盥洗；在宿舍裡的小客廳大家聊天；有時學生溫習課業晚了，老師為他們準備宵夜。我們來的這一天，大家正為六月壽星切生日蛋糕。

慈輝班收的是經濟弱勢且家庭失去功能的學生，他們的父或母可能入獄、失蹤、身心狀況不佳而無法照料。在原生家庭裡，他們很少過生日，更沒有人督促課業。

每個孩子背後都有個破碎的故事。像是來自八里的女孩父母健在，但女孩的母親和她的五位兄姐妹皆輕度智能不足，而父親則長期接受政府補助而每天賴在家裡；又或者是從石門老梅來的男孩，父親入獄、母親過世，他換過多位照顧者，從阿祖、舅公、伯父到阿嬤；雖然男孩始終有親人的愛，但長輩們無法提供他規律的生活。

在這裡，孩子們所缺乏的按部就班的生活和學習節奏，被滿足了。老梅來的男孩七年級時英文落後，卻在今年的會考拿了A，他直到住校才停止半夜打電動，也因為和同學一起聽英文歌而喜歡上英文，他說：「如果沒有這群老師和同學，我考不上公立高職應用外語科。」

學校擔起家庭功能，讓孩子不再被放養。但二〇一〇年前，正德國中賢孝校區要成立慈輝班時，卻有不小的阻力。

新北市教育局特教科專員陳香君在新北市服務二十年，走遍大小校園，「像石門、三芝、坪林，如果沒走進去，是不會看見那偏僻的地方還有家戶，掛著衣服，養著孩子。」她說，當鄰里照顧的力量變得薄弱，這時學校若能盡點力，是可以把瀕臨高風險家庭的孩子留在教育系統裡。

新北市原本只有一所位在平溪國中的慈輝班，但弱勢生住校的需求增加，於是在八年前，又選定了正德國中賢孝校區設置第二間慈輝班。

賢孝校區校務主任游珮琪二〇〇六年來到分校時，全校學生不到六十人，她和老師們走入社區努力讓國小生回流，慢慢地全校突破了七十位學生。但二〇一〇年，該校被要求承辦慈輝班時，老師們第一個反應是驚訝，他們對游珮琪說：「主任，妳是覺得招生很順利嗎？不怕附近的家庭被嚇跑嗎？」

慈輝班招收的弱勢生，容易被刻板認定為有問題的學生，恐懼的想像讓老師們擔憂學校被貼標籤。過往新北市就曾有家長老師結合民代，拒絕學校設立慈輝班的案例。

游珮琪當時是這麼告訴老師們：

「我們每個年級收三位學生，收進來的是窮孩子，卻不一定是壞孩子。」當老師們恐懼學校被貼上標籤，淡水正德國中賢孝校區校務主任游珮琪以此說服老師，支持學校成立扶助弱勢孩子的慈輝班，讓孩子有機會相信自己可以創造更美好的未來。（攝影：余志偉）

「我們每個年級收三位學生，收進來的是窮孩子，卻不一定是壞孩子。」

這樣的安慰推動了慈輝班的運作。他們把孩子從功能不佳的家庭裡抽離出來，讓學生、家長都能有些喘息，再由生輔老師、社工師陪伴；放學後的時間補充愛、視野和學習典範，讓孩子在教育系統不感到痛苦，甚至能重建對學習的興趣。

游珮琪說這樣的目標是：「要學生相信自己能夠創造未來和好家庭的可能。」

▼教育中產化如何悖離了教育原本的目標？

要每個孩子相信自己能創造更美好未來的可能，是很棒的想像，也是多數選擇老師為職業和志業者最大的渴望，他們在進入這個工作之初，都希望學生適才適性，探索多元，找到自己的長處。

但過去二十年來，教育中產化的潮流、優勢拔尖的教學主流，讓教育系統日益悖離「把每個孩子帶起來」的目標。

教育趨勢讓父母積極參與教育，親師權力的天平大大向家長傾斜，擁有發聲權的怪獸家長與直升機父母，對學校多所要求，所謂的多元學習，在意的依舊是孩子未來在職場是否有競爭力。

於是老師們集中精力符合優勢家庭的期許，少子化，班級人數降低後，尤其小校擔心被廢校，校方被迫專注於整體的升學、會考指考成績、才藝的優勝。

但另一頭，家庭結構複雜且經濟弱勢的學生不斷在增加。一路在國民義務教育跌跌撞撞的學生，他們在學科能力上需要幫助，但更迫切的需求還包括「非認知能力」的建立：面對逆境的韌性、生活的自律、自我覺察等能力的補充。

然而在教學現場要接住困難學生的老師，除了要花力氣突破孩子受傷的心防，力抗主流的成績至上的價值，有時還得面對把問題歸因於孩子的家庭和出生，認為教育難以改變的犬儒者的質疑。在這條資源有限的道路上，甚至可能會犧牲自己的職涯前途。

新北市教育局已是十分重視中介教育的縣市，但以正德慈輝班的資源為例，新北市教育局給出了四個人的員額編制。

這些老師需要做些什麼？除了盯學習進度，生輔老師教導他們洗衣、整理家務、建立正確的金錢交友和工作觀念。但他們全是一年一聘的約雇人員，薪水三萬四千九百一十六元。薪資和工作條件叫人卻步。

三十七歲的雲林人張嘉容擔任生輔員第六年，家人希望她回鄉發展；單身的她卻因捨不得孩子，仍持續把青春歲月留給慈輝學生。而另一位生輔員和慈輝班召集人也是清寒家庭出身，看到助人工作的價值而留下來。

我們採訪了多所中介教育的學校，發現要在校內開設一個資源式中途班、慈輝班，難度都相當高。

除了學生情緒穩定度不高，學習意願低，多數老師在每週二十堂課之外不願為了一堂三百六十元的鐘點費，增加負荷；導師一個月的加給不過兩到三千多元，與要承擔的責任相比，誘因更小。

而且臺灣的中介教育，愈是偏鄉，或既不是偏鄉也不屬於城市的中間地帶，愈顯捉襟見肘。

位在斗六的雲彩全人關懷協會（屬於合作式中途班），主收中輟的國中男生，學園主任陳淑媛同時也是基督教教會的師母，她過去七年為了引發中輟生學習的興趣，到處找人脈幫中輟生上課，像是家電維修的老師，是每次得從高雄北上的大同高雄維修站退休站長；音樂老師來自嘉義，英文老師則找到一位臺大畢業，有愛心的醫師娘教友前來協助。

雲彩透過教會的力量獲得有宗教情懷的人貢獻專長，但多數組織還是得向教育單位申請補助，而授課費用偏低且多年未予調整、要求師資具備師院或教師證資格、學校得記錄各種成果和繁複的核銷……種種行政上的壓力扼殺了前線的動能。

前臺東教育局長劉鎮寧就批評，「（積極化差別待遇和補救教學等）政策多半從臺北角度在制訂，但偏鄉沒有足夠和穩定的大專生或青年人力補充，再加上體制裡的老師不一定願意配合，這些在臺北看來理所當然的政策，卻難以在偏鄉執行。」

教育體系必須用更活化更有想像力、落實「積極差別待遇」的政策，包括：意識到弱勢學生的住宿需求、補救教學與中介教育師資平臺的建立、給予中介教育承接者更實質合理的福利、引導人才進入偏鄉蹲點等等。

▼同村共養的可能

不論是臺東的許老師、新北市正德國中的慈輝班團隊、雲林的雲彩合作式中途班……這些老師們很清楚，要拉起一個小孩，不單是一位老師或一所學校所能成就，而是要傾集體的力量。

It takes a whole village to raise a

雲彩全人關懷協會的合作式中途班，主收中輟的國中男生。圖為學生拿著餐盤準備去用餐。（攝影：余志偉）

child. 這個「同村共養」的概念源自非洲，也曾被前美國國務卿希拉蕊當作重要的教育概念，認為孩子只有在社群的照顧下，才能有健全的人格。

社區和社群的協作，在家庭結構崩毀的此刻，似乎更為迫切。

我們在臺灣各地都看到黑暗中的微光：臺東陳俊朗（陳爸）的「孩子的書屋」、三峽林峻丞的「小草書屋」、位在臺南的黃雅聖創立的璞育文教發展協會，都是回鄉的青年壯年，透過在地社區的力量來彌補家庭失能；他們協力學校，從課後照顧、補救教學、文化刺激做起，甚至開設咖啡館、餐廳、提供繪圖、木工課程等，請職人教孩子帶得走的生活能力與技藝。

我們得拋開中產教育裡過度強調公平起點的思維，相信每個孩子起點不同，需要的也不同；相信教育不是學校或家庭單方面的責任，而是社群的共養。

在他們在墜落之際，我們才有機會接住每一個位於懸崖邊的少年。

（本文作者：李雪莉）

注釋

1 篩選測驗的比例，都會區與偏鄉情況不同。一般地區會是針對後一五%的學生篩檢，有些城鄉落差的學校篩檢後三五%學生，但偏鄉學校經常是全校施測。

2 民國八十五年有教育優先區裡的課後照顧、民國九十五年有「攜手計畫—課後扶助」，民國一〇三年開始，政府為了十二年國教而整合之前各項計畫為「國中小補救教學」。而在民國一〇五年，更擴大補救教學的範圍，從「低收入、低學習成就」的「雙低」，改為「單低」，只要符合其中一項就也可以接受補救。

3 國中小中輟因有《強迫入學條例》的要求，會積極協尋並協助學生復學。國小生中輟後復學率為八八%，國中生中輟後的總復學率有八五%以上。

4 教育部國民及學前教育署「一〇六年度高級中等學校學生穩定就學及中途離校學生輔導機制業務研習手冊」，二〇一七年十一月公布。

5 中介教育依學生家庭失能程度輕重分為：高關懷班、校內資源式中途班、校內慈輝班、校外合作式中途班。校內慈輝班主要是收家庭仍有部分功能的孩子，平日住校，週末回家；合作式中途班收的是連家都難以回去的孩子。

2 遮掩的傷口——安置機構裡被性侵的少年們

小誠（化名）是個身材魁梧的男孩子，今年高二，身高逼近一百八十公分，笑起來很靦腆，但他身上卻背負著不同於這個笑容的悲哀和屈辱。

在熙來攘往的便利商店，他勉強將自己塞在圓板凳上，弓著背且心不在焉地拗著手指，眼神始終避免與我接觸。此時，商店裡播放著Alan Walker迷幻的電子舞曲，我們之間的氣氛卻跟墳墓一樣死寂。在很久的沉默後，他突然說：「小六那年我在安置機構的時候，有國三的大哥哥逼我幫他口交。」

那是平淡到幾乎不被記憶的一天，小誠吃過早飯後，跟往常一樣到指定的區域打掃，一位國三的哥哥走過來，嚕的一聲，脫下褲子，開口就要小誠幫他口交。他嚇了一跳轉身想逃，國三生一個箭步把他抓回來揍了一頓，惡狠狠地瞪著他說：「你再不做就試試看。」

小誠被要脅的地點與手段愈來愈隨機，廁所、浴室，甚至緊鄰生輔老師房間的寢室裡都曾發生過。某天夜裡，小誠在半夢半醒間，清楚感受到有個男人爬上他的身體，他的雙手雙腳都被壓住，內心恐懼卻喊不出聲，只能死命地扭動身體，祈禱床板發出的咯吱聲能吵醒在另一個房間熟睡的老師。

「你怎麼不呼救呢？」我忍不住問。

在很久很久的沉默以後。

「因為害怕被揍，」他的頭垂得更低，用僅存的力氣擠出下一句話：「我真的很害怕再受到傷害了。」

小誠說他念幼稚園時很愛哭，每次只要一哭，爸爸就會拿衣架、藤條抽打，小誠經常被打到縮在牆角。等到上小學時，他學會在爸爸打得接近失控時，趁隙逃出家裡，通常是往家裡的後山跑，躲在不起眼的小廟裡，一邊哭一邊等著父親睡著，再躡手躡腳地回家。

小四那年，挨過一個被打且筋疲力竭的夜晚，他上學遲到了。當他跑到學校時，操場正在舉行升旗典禮，他停下腳步，站在某個班級前跟著唱完國歌。典禮結束後，那個班級傳出竊案，訓導主任馬上把小誠叫到辦公室，要他交代偷了什麼，「我沒有偷東西。」小誠說完，「啪」的一聲，一個肥厚的巴掌打在他後腦杓，他重心不穩，跌坐在地。

從那天起，小誠開始逃學。他每天比媽媽早一小時出門，拿著午餐錢去網咖玩一整天遊戲，肚子餓時，就溜進便利商店偷餅乾和飲料。可惜手法拙劣，屢次被逮送進警局，最後，社會局社工認為小誠的家庭功能不彰，將他送進兒少安置機構。

就像描述少年坎坷的經典電影《四百擊》，小誠和裡頭的主角安瑞一樣，從學校逃學一路墜往感化院。小誠同樣無力中止他往下掉落的人生。

安置機構是國家用來接住他們下墜人生的最後防線。[1]官方用語是「安置機構[2]」，但更常被使用的稱呼是「育幼院」、「兒少家園」或「中途之家」等，當社工發現孩子失依、受虐或遭性侵，且經評估家庭照顧功能薄弱時，就會依《兒童及少年福利權益保障

安置機構難以照顧複雜化個案

安置兒少來源多重，其情緒、行為、教育等問題較同年齡人複雜，使得以照顧為主的生輔員難以負荷

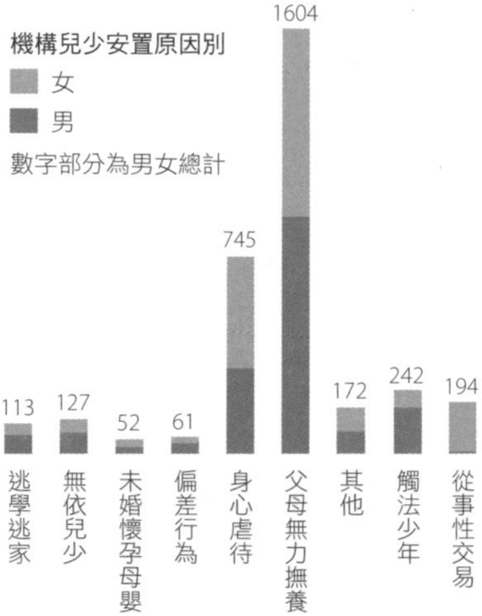

安置機構照顧的孩子，從早期收容孤兒，轉型為照顧父母入獄、嚴重藥酒癮或重病等父母無力扶養的孩子，以及受虐待、受性侵、或犯行輕微的兒少。

＊ 兒少安置法源為《兒童及少年福利與權益保障法》、《少年事件處理法》以及《兒童及少年性剝削防制條例》。

＊ 本表數字為民國106年統計資料。

（資料來源：衛生福利部社會及家庭署；整理：簡永達；設計：黃禹禎）

法》（簡稱《兒少權法》）將孩子安置到兒少機構。

從一九九〇年代開始[3]，政府在落實兒少保護的同時，也不斷擴張兒少安置的範圍，從早期收容孤兒延伸為安置受性侵、虐待或從事性交易的少男少女。一九九七年《少年事件處理法》修法，將非行少年的處遇方式[4]增加「安置輔導」一項，犯行輕微且經評估家庭功能不彰者，同樣會被送進兒少安置機構。

時至今日，臺灣提供的兒少照顧體系，卻有點像是被植入病毒的電腦系統，屢傳當機，只是沒人知道何時會瞬間崩潰。

二〇一七年三月，南投某安置機構爆發院童集體性侵事件，案發時未滿十四歲的少年會先後替同院至少四名安置少年口交或肛交，最終因該名少年罹患性病，此事才意外揭露，而檢警循線調查後發現，該機構至少還有八名性侵加害人與被害人。[5]

曾任司法院少年及家事廳副廳長、現任臺北地方法院法官蔡坤湖直言：「這絕對不是個案。」從他十五年少年庭法官的審判經驗裡，估計至少兩成的安置機構都發生過類似的性侵案件。

一個最令人難以面對的矛盾是，原本保護兒少的安置機構，卻成為性侵或霸凌少年的所在，而且，安置機構內發生性侵案件的比率遠高過社會一般的發生率。[6]

根據我們透過立法委員向衛福部保護服務司拿到的統計資料，二〇一六年兒少安置機構通報的性侵案件為一百四十二件，而全臺兒少安置機構不過才一百二十一間，顯然有安置機構發生了不只一次的性侵案件。但性侵已被證實是所有刑事犯罪案件中黑數最高的一種。國內犯罪學者曾估算，實際性侵害案件數是通報量的七到十倍。即便如此，靖娟兒童安全文教基金會執行長林月琴仍認為這個比例被嚴重低估了，因為「這是機構裡最不能說的祕密」。

林月琴很常聽到機構內的性侵事件。在她屢次受政府委託為安置機構工作人員講述兒童身體界線的課程[7]時，經常聽到生輔員[8]私下向她傾訴，機構裡的孩子遇到性侵的情況極度相似：一個平凡的少年某天因落單，碰上個頭或

在安置機構中，性一直是難以處理的議題，機構有時甚至成為性侵與霸凌少年的所在。如何在青少年自然的欲望以及不違法、不包庇犯罪間取得平衡，一直是社工們的挑戰。（攝影：吳逸驊）

年紀比自己大的男孩，然後……被逼著打手槍或口交，直到射精。

生輔員所說的故事，經常讓她癱軟無力，但林月琴總會多問一句：「怎麼不通報呢？」得到的回應很一致，「這是不能夠說的，因為這會影響到捐款，也會影響到政府給機構的補助。」

▼不敢通報的背後，安置機構承受的壓力

安置機構的經營因政府補助不足，一切都得精打細算。安置機構接受縣市政府社會局或地方法院的委託照顧小孩，各縣市政府會提供一個小孩一萬五千到兩萬元不等的安置費，但我們問過五間不同安置機構，當政府補助不足以支應他們全年的開支，高達五至七成的費用都必須自行募款時，「機構的形象就會很重要，如果我這家機構傳出性侵的話，捐款人會怎麼想？他可能就不願意捐錢給你了。」臺東海山扶兒家園主任林劭宇語氣有些無奈：「我上個月要通報性侵的時候，所有的同事都在勸我，『主任，你要不要再想一想。』」

說完之後林劭宇停頓了一下，他不想自己的意思被誤解，他說自己不會因為顧及捐款，而猶豫是否通報。但他也強調，錢是很實際的，他聽過其他機構曾因籌不到錢而發不出員工薪水，或要求員工將薪水捐回機構。

即便通報了，政府也不見得支持這個其實充滿勇氣的決定。一名不願具名的社工曾將院童間的性侵通報給社會局，他深刻地記得話筒的那一頭說：「你們幹嘛找麻煩，這是我十年來收到的第一個通報。」最後，涉及性侵的加害人與被害人都被迫離院，社會局不時派人到機構「督導」，離開前還對通報的社工說：「你們一定是管理有問題，才會發生這種事。」

事實上，從監察院的調查報告、歷年的新聞報導，再到第一線的採訪所得，所有的兒少安置機構都可能發生性侵害——公立機構會發生，私立的也會；優等的機構和丁等的機構都曾發生過；社政安置和司法安置發生的機會一樣高；純粹男生的和男女兼收的也沒有差別。而這樣的事情對管理者來說，最可怕的是地點與時間都隨機，因此難以預防。

在安置機構裡有三年經驗的生輔員嘉賢（化名）花了一小時向我抱怨，有次他要小家[9]的孩子自行整隊到餐廳吃飯，他先到餐廳幫他們取餐盤，結果點名時少了兩個，他上樓去找，卻在樓梯間看到一名院童在幫另一名口交。「我才離開十分鐘而已耶！」他睜大眼睛略表不滿地說。

▼當管理人力極度缺乏，控制便取代了照顧

社政兒少與司法兒少防護網關係圖

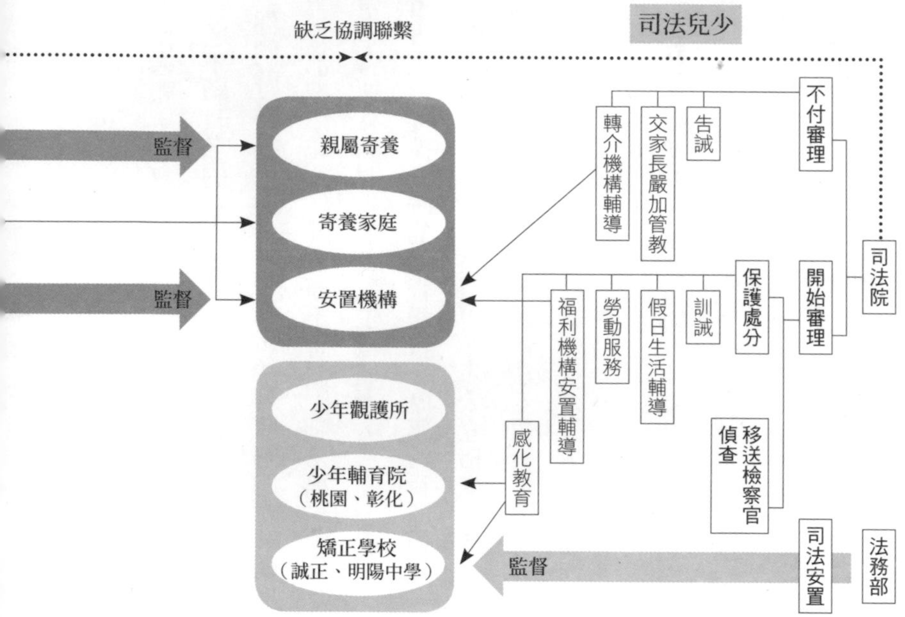

為了削減家庭資源落差對孩子的影響，政府建構一套防護網，用來接住每個從家庭墜落的孩子。在社政系統中，如果家長符合高風險指標，或是對孩子施虐但情況不嚴重，便由社工介入輔導並提供家庭處遇計畫；若家長無力扶養或施虐情況嚴重，則由兒保社工將孩子帶離家庭安置。另一方面，在司法體系中，由於少年犯罪往往與原生家庭有關，因此若觸犯微罪且家庭破碎的少年，部分法官會裁定安置輔導，轉由安置機構照顧孩子；若少年屢犯或犯罪情節較重，可能由法官裁定感化教育，送進懲戒色彩較重的少年觀護所、少年輔育院，或讓觸法少年能繼續升學的矯正學校。

（資料提供：監察委員王美玉）

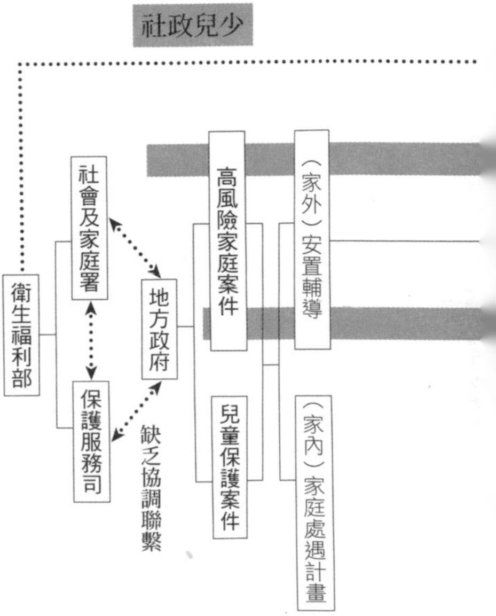

事情發生後，嘉賢一直想著，要怎麼做才能避免這個錯誤，如果可以，他希望能多個同事，幫忙他看住這些孩子。依據《兒童及少年福利機構設置標準》規定[10]，每安置六名兒少應聘一名生輔員，若以三十人的安置機構來說，聘用五名生輔員即合乎法規。實際上，生輔員的工作型態須和院童集體住宿生活，因此約十二小時輪班一次，意味著這五名生輔員在同一時段可能僅有兩人在場，而他們必須同時照顧三十名的孩子。

人力不足的前提下，統一作息成為必要手段。院童的日常生活大致如此：早上六點起床，操場集合點名後打掃一小時，七點進餐廳吃早餐，七點半搭車上學，下午四點放學後，進門第一件事先檢查書包有無違禁品，接著一小時體能訓練，五點到六點排隊洗澡，六點吃晚餐，七點進教室寫作業，九點上床睡覺，寢室熄燈。每項行程都是集體行動，若要中途離開則必須向生輔老師報備。

「這到後來變成是一種管理機制，他們在『管理』孩子，變得沒有辦法去照顧每個孩子的身心發展。」一手建立國內安置機構評鑑的實踐大學社工系教授彭淑華解釋，她曾訪問國內近三十家育幼院，發現機構內的確存在以「控制」取代「照顧」的問題。

明遠（化名）相當懂得如何在這權力系統裡生存。他從小因家庭失去功能被社工送進育幼院，在那裡度過了童年和半個青春期。他極力向我描繪一個世界：兩公尺高的圍牆、不鏽鋼的鐵門，還有密布的監視器以及與生輔員同住的寢室，傅柯式的「全景監控」[11]在這裡成為了現實。

除此之外，育幼院的管理還來自多如牛毛的規矩，例如服裝儀容、抽查內務櫃、不能任意外出、嚴禁使用手機、有條件地使用電腦，以及信件都要拆開檢查等等；而真正起作用的，往往只需要一條家規：尊敬師長。跟老師頂嘴、講話太大聲、不配合作息都是觸犯警戒線。

有時，樹立權威並不需要那些複雜的處罰手段，只要略施小惠就行。「你在家裡可以跟爸媽冷戰，但在育幼院你就會知道不能得罪大人，因為資源都在他們手上，例如你想要零用錢買點零食，他也可以不給你，」明遠總結了經驗：「你跟他鬧脾氣絕對不會有好下場。」

英國從九〇年代起，便不斷反思：機構式的照顧究竟是照顧孩子？還是傷害孩子？早在一九九四年，英國兒童專線（Child Line）分析六百七十六通兒童受虐通報，其中有二十五名機構中的兒童曾遭性侵害。英國預防兒童受虐協會（NSPCC）曾在一九九四到一九九六年間，處理七十六件機構兒童受虐案件，其中四成遭身體虐待，三成為性侵害。[12]科層化的機構本質與強調人性化的照顧相悖，是造成機構虐待的關鍵因素。因此，英國施行一系列的兒少安置改革：一方面不再成立新的安置機構，轉而鼓勵親屬照顧或是寄養家庭，另一方面則將原有的兒少機構收容人數調降至二十人以下。

公立機構收容不到一成的觸法少年

觸法少年2017年安置人數為246人，但預算由政府支持的公立機構僅承接16名的觸法少年。

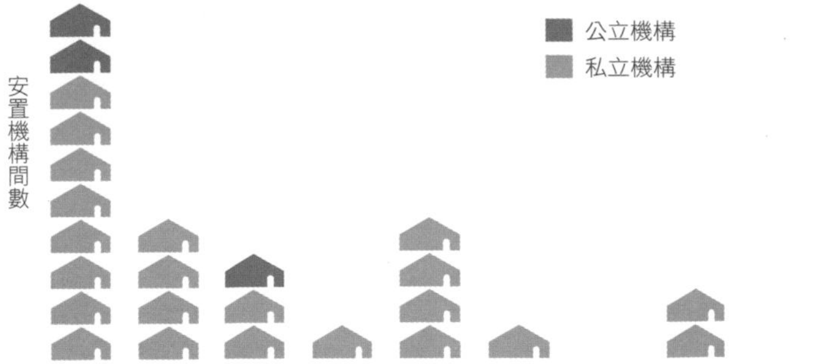

＊ 本表數字為民國106年統計資料。

（資料來源：衛生福利部社會及家庭署；整理：簡永達；設計：黃禹禎）

在臺灣，機構虐待同樣層出不窮，尤其容易發生在承接觸法少年的機構裡。「有些機構要照顧觸法的少年，那怎麼辦？除非它有更多不同專業的照顧者，而且人力要足夠，否則它只好用管理，可是是用更高壓的管理。」彭淑華認為，少年中途之家除了社工與生輔員之外，至少還需要心理諮商師、職能發展師，以及懂得少年犯罪的專家。不過，多年來臺灣給觸法少年的資源，其實少得可憐。

攤開我們拿到的另一份關於兒少機構的統計，全臺一百二十一間兒少安置機構中，僅有二十五間願意承接地方法院的觸法少年，其中六成機構都只願意收容個位數的觸法少年，而願意收十五名以上的機構僅有七間，這其中並不包括任何一間公立機構。[13]

相較於民間的安置機構，公立的安置機構營運費用由政府編列，少了募款的壓力，且工作人員薪資也比照公務員，照顧人力與輔導資源都應比民間機構更好。但是，當公立機構將最需要照顧的一群孩子往外推，接住他們的，是和觸法少年同樣資源相對匱乏的民間安置機構。徐瑜幾乎每天睜開眼，都在為錢煩惱，位在南投的「陳綢兒少家園」是她服務的安置機構，裡頭觸法少年占了將近一半，當中約兩成都有身心問題，除了定期就診服藥外，如果想給孩子更完整的心理諮商，她往往需要自籌經費，「（政府）給我們這麼少資源，要我們帶出一百分的小孩，說真的我們每天都是撐著在做，只求不要出事而已。」她說。

宏恩（化名）是犯下錯誤的那個生輔員，也是第一個向我承認曾毆打院童的人。事情發生的前一晚，他忙到了深夜，隔天早上六點他打起精神叫小孩起床，八點送他們上學後，他必須帶一個前晚感冒的小孩去市區看醫生。回到家園，他得盯著留園的兩個「小鬼」寫完作業，等到下午四點，他先檢查所有放學回來孩子的書包，然後陪他們打籃球。撐到五點，放孩子去洗澡，以為可以稍微鬆懈一下。

宿舍傳來一陣陣起鬨聲，他跑上樓，走廊裡聚滿了院童，黑壓壓滿是人頭，咆嘯、爭吵、喝斥聲不絕於耳。左側宿舍的門口前，兩名國中生打起來，趕來勸架的老師被兩群人馬包圍著，他

當生輔員無法或不願動手時，安置機構中較大的孩子會出來維持秩序，這雖然可以讓新來的孩子懂得機構的規矩，卻也可能在無意間，複製了童年關係的輪迴：強可以凌弱，而弱小者沒有反抗之力。（攝影：吳逸驊）

看到之後，撲上去把鬧事的一方壓制在地上。原以為事情平息了，晚上用餐時，當修女正帶著眾人禱告，剛才鬧事的少年抓起不鏽鋼碗盤又是一陣亂摔，餐廳裡的喧鬧一浪高過一浪，有的在鼓譟起鬨，還有的等著看宏恩怎麼處理。事情就這麼發生了，宏恩氣得連甩了鬧事的少年四個耳光，直到瞥見他的嘴角正在流血。

「我自己那時也嚇到了。」宏恩看上去很緊張，雙手一直交叉抱著胸前。他在安置機構工作近十年，會早起幫少年燙好制服襯衫，也會半夜幫肚子餓的孩子煮泡麵，一直以來他都抱著熱情，希望陪少年走一段路。但機構裡龐大的照顧工作，讓他喘不過氣來，他說如果再遇到同樣情形，自己可能還會這麼做。

▼「地下法庭」式的正義

不願自己動手的，他們就讓大孩子來維持秩序。當生輔員看到學長在「管教」學弟，往往什麼都不用做，就能賦予打人的少年在群體中特殊的地位，同時也讓新來的少年懂得機構的規矩。

有項心理學實驗能具體說明這項教養理念：五隻猴子關在籠子裡，頭頂綁著一串香蕉，當有猴子想爬上去摘香蕉，機器就會對剩下的猴子灑水，接下來，只要有猴子想爬上去，其他猴子就會圍毆牠，即使換了新的猴子進來，只要牠想爬上去摘香蕉，一樣會被其他猴子痛毆，久而久之，所有的猴子都不敢再去摘香蕉了。

只不過，不管是社會局安置，還是法院安置的孩子，他們都帶著各自的創傷來到機構，卻在機構內的管教中呈現童年關係的輪迴：強大的可以欺凌弱小的，弱小的沒有反抗之力。

夜晚的安置機構，是個近身肉搏的叢林社會，有套「地下法庭」在主持正義。這套系統同時滋養著兩群少年，有些人注定是這個地下法庭的執法者，他們大多肩寬體壯，敢衝敢拚，像狼一樣透著一股狠勁。

小誠則更像是羊，他平時裡很安靜，走路永遠低著頭、駝著背，像是把自己縮成一座地窖。儘管機構裡規定不能霸凌他人，但少年的秩序是按照另一套規矩運行：菜鳥要幫老鳥洗衣、洗碗，負責大多數的打掃工作。最重要的一點，是懂得保守祕密。小誠剛進機構時不懂這些規矩，當學長叫他幫忙洗衣服，他天真地報告老師，那天夜裡，他從床上被三名學長拉下來打，接下來一個月，他嚇得不敢再跟老師說話。

這是每個機構少年吃下一個又一個教訓後，不得不掌握的生存技能。支撐少年的動力，在於他們相信能夠「向上流動」，十五歲的阿德（化名）用打遊戲比喻，「就像升等一樣，你可以一個階級、一個階級升上去。」

因為逃學逃家，阿德三年前被送進安置機構。他對初入機構的印象，至今還很深刻，那天一名機構少年找「帶頭的」單挑，有不少人圍著他們，吹口哨、嬉笑、吵鬧，當中也包含兩名生輔老師。最終，挑戰的少年輸了，但這件事讓他明白一個道理：要夠狠、敢衝，才不會被欺負。

某天，一名瘦弱的生輔老師因為雞毛蒜皮的小事挑他毛病，評估之下，他認為自己能制住他，於是看準時機一拳揮去，將老師重壓在地。事後，他的懲罰是被用塑料水管抽打小腿，不過，他在少年間的地位也瞬間提升。「我以前在外面都不敢打架耶。」阿德將那次充滿勇氣的打架視為他青春期的蛻變。

阿德陸續在自己的兩隻手留下刺青，用縫衣針蘸點圓珠筆的藍墨水，當針尖刺過肌膚，鮮血一小顆一小顆地從皮肉往外滲，最終結痂在皮膚形成印記。他用它們來威嚇別人，同時也提醒自己：還要變得更強。

▼被隱藏的性議題

當拳頭成為真理，青春的荷爾蒙又在釋放，不難理解為何機構內的性侵會頻繁發生。仔細想想，機構內的少年和一般少年最大的差異，在於他們不像一般男孩有個屬於自己的空間，能夠解決欲望。

安置少年的欲望一直不被看見。「當他（安置少年）有欲望的時候，又找不到任何管道可以發洩，身邊剛好一個小弟弟在，很容易就抓他來口交或自慰了。」林月琴像洩了氣的皮球癱在座位上說道，她後來以兒少安置機構內的性侵為題完成碩士論文，在她訪問數位受害者後，總結出意外發生的原因與地點。

這些欺凌行為多數發生在機構內的寢室、廁所、人少的教室和天臺，或者是戶外的空地和地下室。

在安置機構社工遭遇的所有問題裡，性一直是難以處理的議題。除了它牽涉錢、資源、名聲之外，往往還有違法的風險。陳綢兒少家園的主任徐瑜能夠理解少年的欲望，但站在一個機構經營者的立場，「我沒辦法提供他們（未滿十八歲的少年）那些資源（A片、A

因為逃學、逃家，阿德在三年前被送進安置機構。他在這裡學到一個道理，唯有夠狠、敢衝，才不會被人欺負。（攝影：吳逸驊）

漫），因為那是違法的。」她說。

每個遇到類似問題的機構社工，都在盡力解決所面對的兩難困境，有些人選擇積極面對，讓有需求的少年帶不露點的刊物進浴室自行解決，但有更多人選擇忽視少年的欲望。

部分安置機構被打造成一個去性化的空間。加裝更多的監視器，嚴格禁止少年使用手機以及任何3C用品，電腦必須在老師監督下使用，除了機構提供的書籍外，都屬違禁品，禁止男女交往，書包、抽屜、衣櫃隨時會被抽查。

明遠就是在這樣去性化的環境中長大。可悲的是，這對問題一點幫助也沒有。小四那年，某個夜裡他正在睡覺，卻感覺到他的手被某人拉進褲襠裡，醒來後發現他在幫一名學長自慰。那天以後，那名學長更常在他面前裸露生殖器，要他幫著口交、自慰。最誇張的一次，學長把明遠拉到地下室，脫去他的褲子，嘗試著要進入他的身體。

身心的屈辱感以及被威脅的恐懼感，讓明遠始終不敢說出來。直到他上國中，有次終於鼓起勇氣，跟一名信任的生輔員說到此事，他心想對方應該是能幫忙的。那名老師很長一段時間都沒有說話，直到後來坐到他旁邊握著他的手，說：「那位哥哥已經離院了，就不要追究了吧。」

那次談話後，明遠愈來愈不知道怎麼處理自己的性需求。他經常躲在陰暗的角落裡自慰，像是頂樓的曬衣場或沒人去的地下室。某次，當他躲在戶外草叢後自慰時，他以為沒人看見，一架監視器卻拍下他手淫的過程，後來，機構的老師帶他去看身心科，整個過程，他聽見老師跟醫師討論他有多麼不正常。最後，醫師開了藥，他為自己的手淫吃了三年鎮定劑。

「你從小就知道自己的性需求是很丟臉的、危險的。」明遠認為這件事情對他的影響延續至成年前，他後來在機構只要一發現自己想自慰，就湧上很深的罪惡感，「你會警惕自己，你不能夠做這件事，你不能夠被發現，否則你可能會被轉院。」直到成年，他才知道自慰是一件正常的事，「我當初到底為什麼要吃藥？」明遠的聲音中夾雜了哽咽，對於那段迷茫的日子仍感到激動傷心。林月琴覺得正是從政府到兒少機構都不願面對少年的性議題，才會讓機構內這些受害者持續地受到傷害。最糟的情況，就是這些被侵犯的少年變成了加害者。

「我只是運氣比較不好被抓到而已。那些以前性侵我的哥哥呢？為什麼他們不用被關。」林月琴一直記得當年十九歲少年小凱（化名）在監獄這樣對她說。小凱八歲住進育幼院，國中時有高中的哥哥要脅他幫忙打手槍，每次結束後都恐嚇他不准講出去，結果，他轉而用同樣的方法要脅國小生的弟弟幫他服務。

小誠以另一種責怪自己的方式自我傷害。「我不怪他們，我知道他們也有需求。」當我問他想過告性侵他的哥哥嗎？得到這樣的回應。他講話的樣子很緊張，眼睛緊閉，身體搖晃著，能感覺到他在承受折磨。「可是我就很討厭啊……我就像一個工具，要用就用。」他說。

他後來跟我講述他逃離機構的戲劇化情節。因為不甘被性侵受辱，卻又不能說出這個祕密，他開始無來由地突然大哭，或歇斯底里地尖叫。最後，機構的老師把他關進一間禁閉室。

兩坪大的房間裡，角落擺著一個尿壺，屋子裡僅有一扇通風窗，讓整個屋子更顯悶熱、髒臭，四周是海綿軟墊舖成的牆，牆皮上用奇異筆寫滿了「某某某到此一遊」、「幹」、以及對安置機構的詛咒。

他在裡頭更常驚恐地大叫，因為，他總覺得晚上有鬼。關到第三天，他已瀕臨崩潰，趁老師送飯來的時候，用盡力氣衝開不鏽鋼的鐵門，開始往樓上跑，一下子衝到天臺，一腳跨坐在欄杆上揚言要跳下去。

院方通知他的家長，讓媽媽帶他回家。之後，他再也沒有跟任何人提過在機構裡發生什麼事，對此，他的解釋是，「日子就這樣過下去就好。」

要求被性侵的孩子忘掉這件事，若無其事地生活下去，恐怕是體制對受害少年最大的殘忍。安置機構處理性侵案件有套最便宜行事的做法，將性侵的加害人與受害人分開，並強制轉院，然後社工在轉出孩子時，繼續隱匿孩子被性侵的事實，任他們在體系中流轉。

結果，記憶無法被抹除，痛苦在時光中延續。

小誠最近在臉書寫下自己想要一臺時光機。「我希望可以回到幼稚園，如果我那時不那麼愛哭的話，我爸爸就不會打我，我也不會被送去機構，那大哥哥也就不會對我做這些事了。」他問我：「對不對？」

（本文作者：簡永達）

注釋

1 臺灣政府提供的家外安置體系，分成親屬照顧、寄養家庭以及兒少安置機構，其中安置機構被各國社福體系皆視為最後一道防線，但是臺灣近七成安置兒少卻都送往機構。

2 本文所指涉的兒少安置機構是指提供未滿十八歲兒少，二十四小時的生活照顧及行為輔導的福利機構，主管機關為社政單位，並不包括矯正機關的少年輔育院、矯正學校、少年監獄或教育體系的中輟學校。另外，本文不特別區分兒童或少年機構，因為有九成兒童機構同時收容八至十二歲的兒童與十二至十八歲的少年。

3 一九九三年《兒童福利法》修正案通過後，兒童保護成為兒童福利工作重點，受身心虐待、家內性侵、受刑人子女、未婚懷孕以及有偏差行為的兒童及少年，經社工評估後都可能送往安置機構。

4 當時力主修法的臺大法律系教授李茂生認為，這些犯行輕微（如恐嚇、暴力、吸毒、竊盜、逃學等）或經常逃學逃家、進入不良場所等有犯罪之虞的非行少年，他們的偏差行為來自原生家庭疏忽照顧，不應直接進入矯正體系的「感化院」（即桃園少輔院、彰化少輔院，以及轉型為矯正學校的誠正中學），而是應由具福利色彩的兒少機構代為照顧。

5 經過一年多的調查，二〇一八年七月監委無異議通過，彈劾南投縣政府五名社會及勞動處官員，及三名地方法院少年保護官，這創下國內彈劾少保官的首例。

6 二〇一六年兒少機構通報的性侵案件為一百四十二件，而全年機構安置人數不過三千三百一十九人人，兒少機構內發生性侵的比率遠高於警政署統計的兒少性侵害犯罪比率每十萬人發生十八．三五件。

7 林月琴自二〇〇四起經常替安置機構的生輔員上課，依據《兒童及少年福利權益保障法》規定，生輔員任用資格需社工相關科系畢業，或完成三百六十小時關於兒少生活輔導的核心課程，因此林月琴有更多機會與生輔員相處，聽他們傾訴機構內工作的難處。

8 生活輔導員為兒少安置機構內第一線的照顧人員，工作內容從照顧孩子的飲食起居、日常作息，到情緒陪伴、矯正偏差行為等等，為了陪伴及照顧孩子，生輔員需要二十四小時輪班，然而業界平均起薪為兩萬八到三萬初之間，低薪及高工時導致工作人員招募相當困難。

9 兒少安置機構作為一種替代性家庭，因此機構運作也朝向家庭化的生活照顧，故安置機構內會分成數個小家庭，由一至二名生輔員輪班照顧八至十五名年紀不等的兒童及少年，目的是讓機構兒少也能培養手足之情。

10 依據《兒童及少年福利機構設置標準》規定，安置六歲以上兒童，每六人需要編制一名生輔員（一比六）；如果安置有偏差行為或逃學逃家的兒童及少年，或是未婚懷孕的少女及嬰兒，則每四人需編制一名生輔員（一比四）。另外，每安置十五至二十五名兒少需聘僱一名社工。

11 法國哲學家傅柯（Michel Foucault）認為，權力不是壓迫性的力量，而是滲透在日常生活中的生命權力（biopower），它精緻地運用各種規範，使系統中的個人主動順服。他曾舉「圓形監獄」為例，獄卒位於中央的高塔，四周的環形建築分隔成一個個囚室，達到「全景敞視」效果，監視的效果無所不在，因為犯人覺得自己隨時受到監視，所以會時時刻刻注意自己的行為。

12 Morris S, Wheatley H. *Time to Listen: the Experiences of Young People in Foster and Residential Care*. London: ChildLine, 1994.

Barter, C. A. *Investigating Institutional Abuse of Children: An Exploration of the NSPCC Experience*. London: NSPCC, 1998.

13 全臺一百二十一間兒少安置機構中，僅有二十五間願意承接地方法院的觸法少年，其中只有三間是公立機構。

3 社工與他的脆弱家庭們——如何合力送孩子回安全的家

二〇一四年，兒福聯盟花蓮中心社工陳怡宏接起一通電話，女子劈頭就說：「我不想活了，孩子你帶去養。」隨後，對方將手機關機，失去聯繫。

問題來得令人措手不及，掛上電話，陳怡宏緊張地聯絡自殺防治中心，對方回應如果找到人後，可以轉給他們輔導。他又打給警局，請警察幫忙定位手機訊號，但警方沒有人手可以協尋。一路折騰到晚上，他終於接到電話，女子被送進醫院了。

他趕到醫院時，看見一幅典型高風險家庭的景象：接近全盲的奶奶、做臨時工收入不穩的父親，以及六歲了卻沒去上學的小孩，病床中央的女子手腕爬滿刀傷，不在乎多添上一筆疤痕。

陳怡宏看著眼前這一幕，像被重擊了一拳，相當挫折：「我能做的都做了，為什麼還是讓小孩目睹媽媽自殺？」

這是三十四歲的陳怡宏在高風險家庭輔導計畫的第

一個個案。為了保護每名兒少的安全，政府有一套三級預防體系[1]，教師或民眾通報社會局後，如果案家符合第二級的高風險家庭指標，如父母入獄、罹患精神疾病而無法妥善照顧孩子，由民間社工輔導；若孩子有受虐之虞，家庭完全失去功能，則進入第三級，由政府的兒保社工介入。

不管是輔導高風險家庭的社工，還是政府的兒保社工，都是社工界中進行「家庭社會工作」的成員，他們幫助受挫的家長找回能力，相信讓孩子在家庭裡穩定成長是最為重要的。

這群守在脆弱家庭旁的社工，全臺不過一千人[2]，協助臺灣每年近一萬多戶高風險家庭，守護超過二萬四千名兒少。其中，有六千多名面臨受虐或疏忽照顧的兒少，成為需要政府緊急介入的兒少保護案件。[3]

但他們的工作容易感到挫折，不確定能不能看到成果，在日復一日的工作後，常常會懷疑自己：為什麼沒法送孩子回家？

▼送孩子回安全的家，為什麼這麼難？

這套保護兒少的防護網，高風險家庭社工是預防的角色，要在孩子被傷害前找出社區裡需要協助的家庭，一旦虐待發生，兒保社工是最後一道防線。

系統是這樣運作的：當各縣市社會局接獲兒虐通報後，兒保社工就會出動調查，如果孩子的受虐情況嚴重，社工會先將孩子帶離家庭並尋找合適的處所安置，再介入重整家庭，直到確認家庭的風險降低、足夠安全了，才會送孩子回家。

許多國家都曾經歷親權與公權力關係的轉變。過去，父母是孩子天生的照顧者，後來，孩子是國家未來主人翁的想法出現後，國家成為孩子的保護者，社會同意政府應適時監督父母親權的行使，保障孩子在成年前能得到安全的照顧。

在臺灣，公權力得以介入家庭，不過是這十五年間的轉變。雖然臺灣一九七〇年代已有《兒童福利法》，但早年政府的角色仍處於被動的救濟孤兒，直到二〇〇三年修訂《兒童及少年福利法》，確立兒童保護工作的法源依據後，社工得以進入家庭保護受虐兒少，將孩子帶離家庭安置，必要時由國家代行親權。

這是為什麼會出現兒保社工。他們代表公權力，將失功能家庭裡的孩子帶離後，社工被賦予重整家庭的任務，他們得想辦法盡快恢復父母的照顧能力，再把孩子送回家。

把孩子送回家的目標很清楚，但落實卻難如登天。

柯伊純在嘉義縣擔任兒保社工三年，她手上有個八歲的男孩，父母間有嚴重的婚姻暴力，母親曾半夜把當時才幾個月大的男孩丟在路邊，指責父親不願照顧，男孩從一歲起就被安置，已經進出安置機構三次。

柯伊純安置孩子後，每個月都去家裡訪視，但男孩的媽媽從來不接電話，她只能站在門口，經常等上三、四個鐘頭才等到母親回家。運氣好時，案家的母親會裝沒看見，她則努力擠在門縫旁講兩三句話；運氣不好，媽媽會發脾氣拿掃把趕人，一邊大罵「妳這個笨蛋」、「沒用的飯桶」。

「我希望提升媽媽能力，再送孩子回家，但媽媽非常抗拒，她覺得我搶走小孩。」孩子第三次被安置後，柯伊純相當挫折，她不希望孩子在機構長大，但家裡的狀況還是一團亂，酗酒的父親毆打家人，媽媽無法控制憤怒，經常怒氣沖沖地對家人吼叫，就算到精神科就診也不願按時服藥。

這只是柯伊純服務的其中一戶，兒保社工們輔導的通常是最困難的家庭。在美國，每名兒保社工每個月負擔二十件以下的個案，但臺灣並沒有案量上限，平均案量約為三十五件。柯伊純六月分案量約三十三件，如果在暑假或每年十一月低收入戶複查後，因親子間的衝突增加或家庭經濟遭遇重大變化而導致的兒虐案高峰期，案量可能高達五十件。

以社工每月工作天數二十二天來看，每戶家庭每月至少家訪一次，部分高危機的家庭需每週訪視，觀察家長改善的情況；像柯伊純每天得跑兩、三個家庭，為了見上家長一面，她曾在結束嘉義大埔鄉的家訪後，立刻騎車上阿里山，車程近兩個小時。

社工訪視後，依規定必須在四日內提出調查報告、三十日內完成評估報告，每三個月向法官報告輔導進度。此外，他們手機維持全天候接聽，部分受虐嚴重或遭性侵的案子，即使半夜接獲通報，還是必須第一時間趕到現場，將孩子帶離家庭，並馬上安排合適的安置機構。

長期以來，臺灣缺乏兒保社工人力，高案量壓得他們喘不過氣，能分給每個家庭的時間相當有限，所以很難陪伴家長看見家庭的核心問題，更別說提升主要照顧者的能力。

此外，身為最前線的工作者，兒保社工走進的每個家門後，都充滿未知的風險，必須獨自面對，多位社工向我們描述親歷過的危險。

社工推開的每扇門都潛藏著未知，除了背負心理壓力，有時甚至可能會有人身安危上的顧慮。圖為兒福聯盟花蓮中心社工陳怡宏進行家訪。（攝影：林佑恩）

有的社工搶下加害人手中的菜刀、有的直面家長的十字弓、有的用單手揮掉砸向她的電風扇，還有一位不到一百五十公分的嬌小女社工，家訪時案主的同居人整晚躲在她後方的衣櫃不作聲，她整晚與一名陌生男子待在同一個房間卻毫不知情。

「我們在訓練時，都會告訴社工要坐哪裡，哪裡逃生比較快，」南臺南家扶中心督導蔡雅貞已有二十四年資歷，曾擔任一線的兒少保社工督導，「社工的人身安全是很大的問題，所以社工人力很難撐住。」

除了人身安全，無形的心理壓力傷害更大。世界展望會新店中心的社工督導邱慧雯，曾是兒保社工逃兵。多年前她遇過一名遭母親遺棄的女童，打算交由父親照顧，她前往評估多次，父親因工作穩定有照顧意願，她因而將此兒保案結案。後來，她聽同事說，那名女童懷孕了，加害人是父親的好朋友。

「接到電話的當下正在過馬路，我站在馬路中間大哭，後來我每天都在想，我是哪個環節沒有注意到，怎麼會把羊送入虎口？」即便她的督導檢視過工作紀錄，證明這並不是她的錯，「我怎麼可能不怪自己，我每天都非常自責。」當時，邱慧雯從政府的兒保社工離職，轉入展望會做經濟扶助，發給弱勢家庭生活津貼，五年後才重新投入她最愛的家庭社會工作，繼續協助脆弱家庭。

高負荷與高壓力的勞動條件，讓兒保社工流動率高，缺額率也高。衛福部曾推估，如果要讓一位兒保社工維持二十個案量，須聘足一千四百六十二名社工[4]，但截至二〇一八年，政府的兒保社工只有五百五十一名，缺額率高達六成二。

工作負擔過重，加上社工流動率高，造成兒保社工無法順利送孩子回家。據衛福部統計，二〇一七年，兒保社工的家庭重整結案率兩成五，僅七百三十八名安置兒少能在一年內返家。不過，家庭重整必須跟時間賽跑，每次兒少安置以三個月為限，如果需要延長安置，社工必須重新向法院申請。

根據他們的經驗，安置的時間如果超過兩年，代表家長經社工密集工作後依舊沒有起色，孩子一旦進入長期安置後[5]，返家機率會大幅降低。

對所有兒保社工來說，這是個兩難的決定，不想讓孩子在機構長大，但又看不到家長的改變，社工只能不斷退讓底線。在那些情況最差的家庭裡，社工衡量「成功」與否的標準，是家庭內暫時沒有發生糟糕的事。

「很多時候，我們沒辦法等到家裡的問題都解決了，才送孩子回家，因為那需要很多時間、很多人力，但以我們現在的案量、能投入的時間，只能這樣子。」柯伊純的聲音聽來有點疲憊。

▼缺乏陪伴，看不見家庭的問題根源

當家庭問題的根源無法被解決，曾經受傷的兒少，依舊在社福機構間流轉。「我們每年大約有一到兩成的個案（高風險案），過去有兒保的經驗，這代表他上次家庭重整的服務沒有完成。」蔡雅貞認為家庭重整的成功因素，在於「讓他們面對自己過去欠缺的東西，進而願意改變，（但這）需要社工長期穩定的陪伴」。

許多難以改變的家庭，是因為他們沒有能夠信任的對象可以傾訴問題，改變的動力成為不可得的奢侈。

政府向民間社工購買服務，又要求速效。以二級預防的高風險家庭為例，政府外包民間社工的輔導計畫契約裡，平均三個月到六個月要結案，最多可能長至一年半，意即一個家庭最多能接受社工一年半的服務，「我們跟案家建立關係，到他願意信任我們，到我們去鬆動他們不想改變的心，再到他願意嘗試看看，差不多就一年了。」蔡雅貞認為這個時程限制了輔導的成效。

他們曾輔導過一個家庭，父親多年前投資失敗，積欠大筆債務後辦卡還債，又跟地下錢莊借錢，債務愈滾愈大，夫妻財產被銀行扣押，只能打零工，經濟困頓；而家裡三個孩子被診斷出過動症，母親被接踵而至的壓力擊垮，無法冷靜面對孩子。

「從社工介入到案家願意將家裡所有收支公開，已經過了一年多，最後是我們社工幫他們做債務整合。」這戶家庭，社工服務了兩年，蔡雅貞說：「政府說要結案就不再給經費了，那是我們基金會願意補充資源，把服務的最後一哩路走完。」

當社工無法長期陪伴案家，最容易看到的是家庭的貧窮，而看不到家庭問題的根源。

臺大社工系教授鄭麗珍在高風險家庭計畫實施十年後，接受政府委託，評估計畫成效。她檢視八十八份高風險家庭社工的個案紀錄，發現社工在開案前，已經替六成的家庭申請生活津貼，開案後社工處理複雜的家庭問題，仍為超過四成家庭申請社會救助金。

每個家庭的狀況都不同，當社工所承擔的案量太多，無法長期陪伴案家時，最容易看到的是家庭的貧窮，卻看不到家庭問題的根源。（攝影：林佑恩）

發給救助金對案家來說並非沒有作用，但有些社工認為經濟補貼只是種拉近關係的策略。

當高風險家庭超過五成結合貧窮，且多數是非自願性的個案，也就是在不情願的情況下被社工介入輔導時，「經濟補貼我覺得是種工作策略，你要推動藥酒癮的家長去改變，那是非常困難的，但是我們社工可以提供經濟補貼，跟案家建立關係後，才能一步步地推動改變。」世界展望會竹東中心的社工督導黃錦玲說。

家扶社工處長周大堯有不同想法，「我們對社工的訓練以經濟弱勢為主要的著重點，但對親子關係的處理、醫療資源轉介，我們這部分的訓練沒這麼多。」他認為年輕資淺的社工會更傾向於補貼家庭經濟，卻沒看到問題的癥結。

蔡雅貞帶過輔導家庭和經濟扶助的社工，她發現兩者進入家庭，看重的東西很不一樣，家庭社工看重孩童被照顧的情況，但經濟扶助社工會問更多案家的收支情況、資產負債。「我看到比較多的經扶社工會很快地補進急難救助金，但補進去就死定了，人的本性就是這樣，如果這麼輕鬆就拿到錢，我幹嘛去工作？」

她擔心未來更多社工輔導高風險家庭時，仍維持經濟挹注的工作模式，「殘補式的工作會有很大的問題，我們的個案只會愈來愈多，需要的社工也愈來愈多，但是我們只能讓沒飯吃的家庭有飯吃，沒辦法陪家庭看到它的問題。」

如果家庭的根源問題沒有被察覺，社工只看到表面的經濟問題，最糟糕的情況，就是孩子複製曾施加在自己身上的暴力，當受虐的兒童長大，很容易從受暴者變成施暴者。

蔡雅貞親眼看過這種暴力循環，擔任兒保社工督導後，有段時間，她轉調至婦女庇護所工作，卻碰到她曾服務過的兒虐個案。「她才十五歲就懷孕，被男友毆打，那時幫她做緊急庇護。」在她擔任成人保護社工的經驗裡，她發現部分受暴婦女的背景很類似，「她們很多小時候是兒保案，長大後很快就離家，在外面誰要收留她，通常會碰到不合適的男人，男友對她家暴，然後她們又打小孩。」

施加在身上的虐待，讓少女們容易感到自我毫無價值，酒精跟毒品很快地填補內心的空虛，等她們長大後，童年的陰影延續至成年，最終影響她們教養小孩的方式，傷害一代接一代傳遞下去。

「我發現這是很可怕的循環，她現在又虐待她的小孩，等她的小孩長大，會不會又走上媽媽的老路？」蔡雅貞說。

▼社工之外，尋求更多網絡連結

當家庭的情況愈來愈複雜，而問題又環環相扣，光靠社工的力量遠遠不夠。

社工張開華輔導過一個家庭，新住民母親離婚後，獨立扶養兩個青春期的兒子，沒親人能依靠，她經歷婚姻暴力與離婚重挫後，開始出現幻聽幻覺，經常覺得有人在偷偷監視她，要傷害她。她的防禦心很重，拒絕任何人的關心，又有攻擊傾向，會偷拿石頭砸壞鄰居的車子。張開華陪伴這家人近一年，才讓母親卸下心防。某次，她意識不清地告訴社工：「有人要傷害我們，我要帶兩個小孩走。」張開華馬上撥電話給衛生局，對方回應：案主還沒傷害人[7]，「等她有自傷傷人的事實，趕快跟我講，我再幫妳處理。」

張開華是兒福聯盟高雄中心的主任，當政府從二〇〇五年建立高風險家庭通報機制後，兒福高雄中心就是全臺第一個承接政府委託案的單位。據她觀察，近幾年入案的家庭有不小的變化，其中，用藥成癮與患有精神疾病的家長比例明顯上升。

幫助兒少的父母脫困，需要不同專業工作者間的協力，可能需要醫師幫忙戒除毒癮、心理諮商師恢復自尊、雇主提供工作機會、老師拉拔學習落後的孩子，這一系列條件，需要各方協助。

但臺灣目前社區的服務能量相當不足。以精神醫療系統來說，各縣市將關懷訪視員的工作外包，以追蹤精神病人，全國僅有九十九名訪視員，要追蹤十四萬名病人，每名訪視員平均需負責三百五十至四百名個案。

尋求戒癮的病人也遠超過公衛護士的負荷量，各縣市戒治中心的護理人員力不從心，他們只能優先照顧足夠「配合」的病人。這對輔導家庭的社工而言是個打擊，「我們做的都是非自願的家長，他們大多是沒有病識感的。」兒福聯盟社工處主任宋家慧解釋目前社福體系的網絡連結，當社工發現家內的危險因子來自有酒藥癮的家長，應當轉介給衛生所服務，但「當他不想戒酒，他也不覺得自己有問題，在這種情況下，衛生所往往不會開案服務」。

走進家庭的社工，看見家庭風險的核心源自父母的精神疾病或毒癮，但協助戒癮的工作者嚴重不足，各縣市衛生所只好採高規格的開案標準，這才是過去十多年來轉介失敗的原因。

除了調整政策，讓社工更有餘裕陪伴案家，如果社工也能更敏感，察覺家庭的核心問題，或許就能讓脆弱的家庭找回力量。（攝影：林佑恩）

▼不讓社工單打獨鬥，找出社區裡的小衛星

兒保社工人力缺乏，政府將輔導家庭的工作外包，也將責任委外，加上橫向整合困難，讓目前的防護網成效始終不夠有力。

政府也注意到這個問題，從二〇一八年推行「社會安全網」，未來三年政府要投入六十七億經費，陸續增聘近兩千名社工，另增加兒保社工的風險勤務加給，提高每月薪資至五萬臺幣，這是目前政府社工中待遇最高的，此舉就是希望降低流動率。

同時，逐步將高風險家庭案收回各縣市社會局，未來由政府社工直接提供家庭服務，因為社安網認為有公權力的政府社工，比民間社工更能橫向串連資源。

支援網絡能否順利串連，將是社安網的成敗關鍵。新北市已執行七年的「高風險家庭整合型安全網」或許能提供借鏡。

「我們派給各局處，他們是強制性要收案的。」家庭個案管理中心主任解佩芳認為，這是新北市與其他縣市最大的不同。在其他縣市，當社工懷疑家長患有精神疾病，要求公衛護士陪同家訪時，護士可以拒絕，「我們（新北市）把所有局處都納入高風險服務，中心就可以派案給公衛護士，不管病人有沒有列管，你都必須受案，你就是得跟社工共同服務。」

新北市整合各局處的個案管理系統，由高風險家庭管理中心統一受理後，再進行篩案。「我們會評估是否每一案都要社工服務，」解佩芳解釋，如果親子衝突來自孩子學習落後，就轉給學校老師輔導；如果家長反覆失業，就派給勞工局輔導就業。

這個管理中心整合包含社福、衛生以及戶政，共一百四十七萬筆、五萬多名兒少的資料，隨時支援前線的社工。在家訪前，社工就能夠知道案家的經濟狀況、親屬的聯絡方式，小孩有沒有注射預防針，還有家長是否患有精神疾病或藥物成癮。

整合所有資訊後，新北市高風險家庭管理中心的社工將家庭的問題，看得更仔細了。他們發現，父母有酒精或藥物濫用、患有精神疾病，都是家中的高風險因子；其次，當個案開案九十天內沒有獲得有效處理，就有更高機率變成兒虐疏忽案件。

科學分析的結果，回饋到高風險家庭管理中心，讓他們將服務節奏抓得更緊湊。第一，社工接獲通報七天內要看到小孩；第二，接到個案的各個網絡人員，必須每個月更新個案紀錄，並依緊急程度給予燈號，例如系統上案家的經濟面向標示綠燈，「社工介入時，就知道經濟不是工作的重點，能更專注在其他層面。」解佩芳說。

找出更多潛藏的風險家庭，逼著新北市社會局局長張錦麗想方法回應問題，她想像的安全網應是同心圓，最核心的角色是社工，第二層是支援網絡的工作者，最外圈則是社區裡的每一個人。

新北市社會局動員社區志工投入服務。像是里長，在社工分身乏術時，能第一時間趕到緊急的家庭訪視；或是學校的志工媽媽，持續關懷家長入獄的青少年；還有社區的補習班，幫忙課輔家庭經濟困難的孩子。

「我們最怕社工淪為單打獨鬥，整個家庭的問題都由一個人扛著，」張錦麗替社工找出許多小衛星，支援輔導家庭，即使社工的案量沒有減少，也能減輕工作的壓力。

新北市能夠整合服務網絡，不是靠自上而下的一道命令就能完成，相反的，他們花更多時間溝通。

解佩芳回想第一年，每個月辦上百場說明會，聽到不少抗議，「妳現在逼我們每個月打紀錄，是不是想分攤你們社工的工作？」她只能不斷說服大家，協助家庭不只是社工的事，而是社會每個人的責任。

▼找回家長的能力，讓孩子回家

除了調整政策，讓社工更有餘裕陪伴案家，如果社工也能更敏感，察覺家庭的核心問題，或許就能讓脆弱的家庭找回力量。

回到開頭由陳怡宏輔導的家庭。那戶家庭充滿風險因子，父親有竊盜、毒品前科，母親罹患重度憂鬱症，反覆割腕自殺，壓力特別大的時候，他們會對彼此拳腳相向。

起初陳怡宏帶該名母親到精神科就診，但她不願穩定服藥；協助父親連結就業服務站，工作仍做得斷斷續續。他的介入似乎毫無作用，因此感到相當挫折。不過，陳怡宏一直不敢結案，他看見家中充滿未爆彈，擔心孩子隨時受到波及。

其實風險與優勢因子同時存在於家庭中，這戶家庭陳怡宏斷斷續續服務了四年，直到工作兩年後，他發現：這對父母其實很愛孩子。

「我幫這對夫妻連結資源，他們都不太想去，但是只要我提到跟孩子有關的事，他們一定會帶孩子出現。」有很長一段時間，這對夫妻對陳怡宏不大理睬，某次他隨意提到溜直排輪的活動，邀請孩子參加，結果在活動開始前，父親早早就牽著孩子在門口等候。

像是找到翹動頑石的支點，陳怡宏的溝通模式改成：爸爸，如果不想讓孩子到看守所看你，我們要不要試著戒毒？媽媽，如果不想讓孩子擔心，我們要不要定期回診？

那名父親後來真的戒毒了，他與吸毒的朋友斷絕聯絡，盡可能地兼職多份粗工，連續下雨而沒工可做的時候，他會不好意思地請妻子打電話，問社工的辦公室需不需要打掃？然後隔天一如既往地準時出現，安靜又一絲不苟地完成工作。

長久以來，弱勢家庭一旦被貼上標籤，似乎就難以翻身。爸爸是酒鬼或吸毒的廢物，媽媽是懦弱的受暴婦女，做父母的不重視教育、也不做孩子的榜樣。像上述這對父母全心全意照顧孩子的心意，可能是眾人難以想像的。

其實只要穩定陪伴的社工和周遭的援助網絡，以及更多社會的協助，即便是功能出問題的家庭，都可能找到一絲力量，重新開始。

（本文作者：簡永達）

注釋

1 針對兒少保護，政府規劃三級預防體系，初級加強社區裡兒少保護教育宣導；二級預防是實施高風險家庭輔導計畫，找出社區裡因父母入獄或罹患精神疾病，而無法妥善照顧兒少的家庭；三級保護則是兒少保護案件，指兒少遭受虐待、性侵或疏忽照顧，且有生命危險之虞。

2 全臺輔導高風險家庭社工約二百三十七人，政府的兒保社工加上民間協助輔導家庭的社工七百七十二人，兩者相加共一千零九人。

3 據衛福部統計，二〇一七年高風險家庭開案家庭數一萬零五百八十九戶，兒少數為一萬八千四百五十八人，另外兒少保護案件人數為六千零五十四人，加總為二萬四千五百一十二名兒少。

4 為解決社工普遍人力不足的困境，行政院二〇一〇年核定《充實地方政府社工人力配置及進用計畫》，原本預定二〇一六年增加社工一千四百六十二人，但截至二〇一六年，各縣市僅完成進用三百六十六名約聘社工。

5 依《兒童及少年福利與權益保障法》六十五條，安置兩年以上之兒童及少年，經直轄市、縣（市）主管機關評估其家庭功能不全或無法返家者，應提出長期輔導計畫。

6 依據《精神衛生法》第四十一條，病人傷害他人或自己或有傷害之虞，經專科醫師診斷有住院治療之必要者，才能強制嚴重病人就醫。

4 過度傾斜的機構安置——為什麼幫失家兒找家這麼難？

二〇一四年，當時十四歲的萱萱從沒想過自己能擁有一個家，即使這個家庭不是她原本的家，媽媽跟她也沒有血緣關係。

萱萱小時候常被父親吊起來打，九歲被送進育幼院，她陸續轉換過七間安置機構，每間機構的大人都說她不守規矩、難以管教。也因此，沒有機構願意再照顧她。

但機構的大人從沒問過萱萱的心情。升上小六後，班上的同學發現她住在育幼院，笑她是「沒有爸媽的小孩」，從那天起，她放學後不想直接回機構，總坐在附近的公園的鞦韆，晃蕩到晚餐時間才回去。

萱萱一再錯過門禁時間，這看在機構的生輔員眼裡，簡直是觸犯底線。她屢次被轉出，被那些承諾過會愛她的大人推來推去，她厭煩機構總把「family」掛在嘴邊，渴望有個真正的家：學校的家長座談有人出席、第一次月經來時有大人陪在身邊，告訴她不要害怕。

直到她十四歲那年，轉到寄養家庭。五十六歲的寄養媽媽林淑玲接受家扶基金會委託，擔任寄養媽媽已十二年，照顧過九個孩子，其中，她對萱萱印象最深，尤其是第一次碰面時。

「十點太早了，」十四歲的萱萱坐在公園的板凳，跟坐在她旁邊的寄養媽媽聊天，她們在討論門禁時間，萱萱不死心地繼續問道，「可以改十一點嗎？」

六年的機構生活，封閉了她的情緒，萱萱防禦心很重，感情也很冷淡。剛到林淑玲家時，「她晚上十一點回來，過一下又出去了。」幾乎不發一語。林淑玲每晚勉強打起精神，等萱萱回家，「她有時候半夜一點才回來，我們就坐著聊天，聊到兩三點。」

「那是我第一次感受家的感覺，」儘管事隔多年，萱萱仍記得每晚回家，會有人在客廳點一盞燈，等著她。

和機構不同，寄養家庭通常只照顧一到兩個孩子，但一名生輔員至少要負責六名兒少。充裕的時間，寄養媽媽更能關注到每個孩子身心發展，給予家的照顧。

不過，童年受虐與安置的經驗，容易讓孩子沒有安全感，他們不斷犯錯，有些還是故意的，用來探求一個最基礎的問題：你是不是真的愛我？

從很多層面上來說，萱萱都不符合一般家長對「乖女孩」的認知：她逃學蹺課、抽菸喝酒、動作大大咧咧、半夜和一群男孩鬼混。

當萱萱的行為愈叛逆，林淑玲反而更願意放手，她給萱萱家裡的鑰匙、買智慧型手機給她、努力認識她的每個朋友，邀請他們到家裡來作客。「真正的家庭生活，其實不會一直去約束你，家不只是住的地方，你可以找朋友來家裡，當你回家我們可以聊天，聊學校的生活、聊好笑的事情。」

家庭能給予的關懷，足以穿透了萱萱的內心痂繭，讓她重新相信愛，即使十七歲離開寄養家庭後，一下子就要擔起養活自己的責任，但她知道自己永遠有個媽媽愛著。

▼寄養家庭少，過度倚賴機構安置

不是每個沒法回家的孩子都跟萱萱一樣幸運。

萱萱（左）抱著朋友的孩子，重回寄養家庭與林淑玲在客廳聊天。（攝影：余志偉）

攤開衛福部的統計數據，二〇一七年安置的兒少人數四千八百五十五人[1]，其中僅三成由寄養家庭照顧，近七成都被送到安置機構。臺灣曾因此被點名濫用機構安置，在二〇一七年首次接受兒童權利公約的國際委員審查時，委員們指出，臺灣安置在機構的兒少人數過多，應選擇其他家庭式的照顧方案。[2]

對比其他國家，臺灣的比例明顯失衡。美國需要安置的兒少約七成由寄養家庭照顧，僅百分之七被送到安置機構，英國則是七成四在寄養家庭，不到一成在機構生活。未來幾年，臺灣失衡的比例恐怕更傾斜，因為寄養家庭愈來愈少。

據家扶基金會統計，二〇一七年新加入的寄養家庭約七十戶，卻有七十九戶退出服務，家扶從一九八〇年起負責招募寄養家庭，社工處長周大堯發現，「最近三年退出服務的比增加的多，」未來不可能大幅增加寄養家庭數目，最理想的狀況只能消長打平。

出現寄養家庭荒，一個原因是寄養費用不足。一般而言，縣市政府提供寄養家庭每月約一萬六到二萬一的寄養費用，這包括孩子的學費、飲食與生活用品，如果孩子需要心理諮商，或是早療復健，同樣由這筆錢來支付。

相較於保母，以臺北市行情計算，每天托育十個小時，照顧一個孩子的薪水是一萬九，這還不包括孩子的奶粉與尿布錢。「如果從金錢上看，她們就損失很多了。」周大堯解釋，寄養媽媽照顧一個寄養童，每天二十四小時，三百六十五天全年無休，更別說孩子在送來前身心早已受創，需要花上更多心思照顧。

另一個原因，是社會對寄養家庭的期待提高，不只期待充滿愛心的家長，還需要更多專業的照顧技巧。二〇一二年政府修正寄養家庭要求[3]，寄養爸媽在接案成為寄養家庭前，至少需完成二十小時的課程，包括兒童心理學、早期療育技巧，以及兒童權利的法律保障；順利成為寄養家庭後，每年仍得繼續完成三十小時的訓練課程。

其他規定還包括：家庭收入中等以上，家中沒有未成年子女，必須提供每個寄養童獨立的房間，「都會區增加就會很有限，一般家庭很難有這麼多空間，」周大堯說。

臺灣目前的寄養家庭戶數約一千一百九十三戶，如果以一名家長能夠妥善照顧兩名孩子的比例，最多照顧二千四百名兒童，但每年有高達近五千名孩子需要安置，寄養家庭能量不足，導致臺灣長期偏向機構安置。

不過，在機構裡每名生輔員至少照顧六名孩子，人力不足的前提下，容易傾向高壓管教，受傷的孩子較難受到全面的照料。

這就是為什麼聯合國在二〇〇九年制定《替代性家庭照顧準則》，用來保障無法回家的孩子的權利。他們認為，為了健全兒童身心發展，即使是被安置的孩子，也應該在類似家庭的環境下被照料，避免在大型機構中成長，而各國應逐步建構「去機構化」的替代性方案。

▼另一條路：社區裡的家庭式安置

香港努力找出另一條道路，一種社區裡的家庭式安置。

香港從一九九〇年代大力推行兒童之家（Small Group Home），孩子同樣居住在社區裡的公寓，由一對夫妻擔任家長，照顧八名以下的孩子，另外搭配一位專業的輔導員，協助家長輔導孩子的情緒與行為。

這項改變深受英國影響。香港在一九八〇年代末期派團赴英國考察，當時英國社福界正在推行去機構化的兒少安置改革，他們認為類似於家庭環境的照顧模式，能建立孩子的安全感與親密關係，才是最適合孩子的。

香港的許多大型機構紛紛轉型為兒童之家，例如早年收容孤兒的聖基道兒童院在一九九四年結束機構，轉而成立二十四間兒童之家；據香港政府統計，全港目前有一百一十二間兒童之家，而傳統大型化的安置機構只剩十一間。

香港懷愛會也在九〇年代投入服務，是最早成立兒童之家的機構之一，其中一家隱身在城市邊緣的深水埗。夏日的午後，推開社區裡一間公寓的門，光線將客廳照的明亮，牆面掛著五十吋的液晶電視，角落擺放兩臺桌上型電腦，以及一架常見的直立式鋼琴，這家住著五名孩子，年紀最小的是小四的男孩，最大的是十七歲的雙胞胎兄弟檔。

「孩子一般兩年內就會回家，」懷愛會總監陳翠英相當清楚，兒童之家對孩子來說只是個暫時性的避風港，社工在這段時間頻繁安排親子會面，引進資源協助父母脫困，而兒童之家提供家庭般的生活環境，讓孩子隨時能做好準備回家。

臺灣也有人嘗試像香港社區裡的家庭式安置，但無疾而終。新北市約納家園的主任畢國蓮，擔任社工近二十年，第一份工作是臺北市社會局的兒保社工，她深刻記得遇到的第一個孩子，才九歲年紀，身體與心靈早已傷痕累累。

男孩從小被父親虐打，常趁父親睡著時逃跑，流浪的日子靠偷竊維生，屢次被逮到送進警局。通知父親領回後，

類似於家庭環境的照顧模式，較能建立起孩子的安全感與親密關係，也較適合孩子成長。（攝影：余志偉）

他被毒打得更慘。「他非常抗拒機構的生活，我經常送他去安置，然後他又趁半夜跑掉，」某次畢國蓮半夜接到電話，這名男孩又逃離安置機構，人在警局，「我已經沒有地方可以送他去了，機構都不願意收，」她的音量逐漸變大，「最後我就跟他睡在家防中心（家庭暴力暨性侵害防治中心）的團體室裡。」

不堪身心皆承受高負荷的工作量，畢國蓮有段時間回學校進修，把男孩交給同事。後來，聽說男孩又逃離安置機構，進了少年感化院。這段經驗讓她反思，面對早已遍體鱗傷的孩子，「我們希望把他帶到安置機構就能穩定，其實不太可能，」孩子在童年的關係裡渴望獨一無二的愛，「一個生輔員要照顧十幾個小孩，他們都有很多話想跟你講，為了吸引注意，小孩行為開始出現問題，像是偷竊，輔導員當然無法負荷，機構就會請社工轉介到其他機構。」畢國蓮說。

「只要這個小孩轉換三次機構以上，我們稱為『難置兒』，」孩子更難適應機構的生活，而機構也會拒絕照顧難應付的孩子。

畢國蓮看著這些最需要愛的孩子，不斷地被推來推去，她希望在社區裡能有類似家庭式的安置，「它能接納這群很困難的小孩，不會讓他們一直換機構，能穩定下來，好好療傷。」

她在二〇〇七年進入約納家園工作，遇到一名早年受虐導致身心受損的孩子。十一歲的男孩情緒不穩，盛怒時會緊掐生輔員的脖子，憂鬱時又獨自跨坐在高樓圍牆，意圖輕生。

男孩的情況益發嚴重，二〇〇八年住進精神科病房治療，畢國蓮心裡清楚，「他不可能轉去其他機構，沒有人敢收。」等待孩子出院的那半年，她四處寫計畫申請補助，「我一直在找寄養家庭跟團體式安置機構以外的另一條路，」因為受創嚴重的孩子不適合在機構過團體生活，寄養家庭恐怕也沒有足夠的能力妥善照顧。

畢國蓮順利向聯合勸募申請到經費，並開始她一直想嘗試的「團體治療」計畫。她在深坑的家園旁租了一層公寓，讓一名生輔員專心照顧兩名孩子，一名是上述情緒衝動的孩子，另一個是學習遲緩的男孩。家庭的生活對他們都有療癒的效果，性格迥異的兩人常有衝突，但衝動的男孩學會激動時走到角落，讓自己冷靜下來，避免傷害年紀更小的弟弟。

畢國蓮的「團體治療」計畫嘗試了三年就結束，因為要在社區裡租公寓，所需的人力成本與花費相對較高，但後續的經費募款並不順利，「我們考量一下，乾脆搬回來（機構）。」畢國蓮說。

▼另一個家：收養的可能

沒有足夠的寄養家庭，團體家庭也難有進展，若孩子的父母不願改變，在這兩難困境之下，許多國家開始讓兒童的權益優先於父母，替孩子找另一個家。

二十年前，美國制定了《領養與安全家庭法案》（*Adoption and Safe Families Act*），規定兒童在安置一年後，必須舉行永久聽證會，當評估兒童無法返回原生家庭，法院可以剝奪父母的權利，並交由社工協助兒童出養，讓孩子重新獲得完整的家庭生活。

二〇一一年日本發生三一一大地震，二百四十一名孩子成為孤兒，他們多數被安置到機構生活，引起國際人權團體關注。二〇一四年，美國的非政府組織「人權觀察」（Human Rights Watch）發布報告，日本約三萬九千名失去家庭照顧的兒童，九成被安置在機構，他們抨擊日本的做法已違反《兒童權利公約》，沒有讓被安置的孩子待在類似家庭的環境裡被照顧。

日本政府隨即在二〇一六年修正《兒童福利法》，由法律訂出以家庭為基礎的照顧原則，將收養列為社工的優先選項之一，保證兒童可以透過寄養家庭或被收養兩種途徑，生活在家庭中，只有不適用家庭照顧的孩子，才能安置到機構。

反觀臺灣的情況，二〇一七年因家庭失去功能，被送進安置體系的兒少近五千人；

但政府決定讓孩子脫離不適任的父母，最終被收養的只有七十四人，不到百分之二的比例。

並非所有待在機構的孩子都應該被收養，實際上每位社工都希望盡快送孩子回家，他們被賦予修復家庭的任務，必須盡一切努力恢復父母的照顧能力，只是，沒有人告訴他們，需要「努力」的時間有多長？

美國的領養法案認為，讓孩子回家是件急迫的事。所以，法案將父母改進的時間設為十四個月，如果這個家庭的問題來自父親吸毒，這段時間內，父親必須配合毒癮戒治，如果他仍吸毒、不願去門診治療，也不探視孩子，法院就可以讓他們脫離親子關係。

社工都希望盡快送機構中的孩子回家，他們被賦予修復家庭的任務，必須盡一切努力恢復父母的照顧能力，只是，這段期間到底需要多久，如何不耽誤孩子被收養的黃金時期，在臺灣迄今仍沒有明確的時間。（攝影：林韶安）

美國的想法是，當孩子嚴重受虐而必須被帶離家庭，父母就該努力證明自己還能照顧孩子，畢竟，愛不能只是口頭承諾，還要有所作為。

在臺灣的安置機構裡，部分孩子在無聲等待中成長，經常錯過收養的黃金期。從政府的統計來看，三歲以下的兒童最多人願意收養，一旦超過三歲，收養的成功率剩不到兩成。

一般來說，機構安置的孩子若要被收養，第一步需要兒保社工下定決心，經過社工密集地與原生家庭互動，判斷家庭徹底失去功能，孩子不可能回家，由社工主動召開重大決策會議。

少了時程限制，社工很難衡量自己的工作成果，導致出養的提議很少被提上會議。雙北市每年近一千名受虐兒少，但二〇一六年臺北市和新北市提到重大決策會議，建議停止親權的兒少人數，分別只有四名和五名。

兒盟的社工楊雯妤，協助孩子出養近十年，最擔心孩子在大人的官僚決策裡錯失被愛的機會。她解釋出養的第二步：往返政府會議與法院之間、曠日廢時的行政程序。

先由各縣市社會局召開重大決策會議，邀集社福與法律的專家討論，如果會議上通過決定，送往法院裁定，法官同意的話，就會停止原生父母權利，改由縣市政府監護，同時轉由合法收出養機構來媒合養父母。找到養父母後，再將雙方資料送往法院裁定收養關係。

楊雯妤記得一個差點被錯過的小孩。男孩的父母在一場毒趴上一夜情，後來母親被捕入獄發現懷孕，孩子六個月大被安置到育幼院，年輕的媽媽既沒有親人也沒有穩定工作，換過一個又一個男人，然後反覆吸毒入獄。

社工從一開始就希望男孩盡快被收養，但男孩的母親出獄後人間蒸發，警局協尋了三年仍杳無音訊，這才提到重大決策會議，建議強制剝奪父母權利，等到會議通過，過了半年；送件到法院，等候開庭，又過了半年；等孩子找到養父母後，送件到法院審核，等待裁定再過了半年。

最後，男孩被收養時已經五歲，但他仍是社工口中「幸運的孩子」。楊雯妤說，「他其實算是順利的，因為沒有被退件。」更多時候，社工被困在這套作業流程裡，重大決策會議被學者駁回，要他們努力一下；送到法院被法官駁回，要他們再努力一下。

兒盟執行長白麗芳協助孩子出養已經二十六年，她發現安置體系裡有些孩子，即使失去返家可能，仍然沒有獲得出養的安排。她經常受邀參加縣市政府的重大決策會議，看到社工提出停止親權的孩子年齡已經上小學了，她會多問兩句。

她記得某次參加會議，討論安置的孩子何時回家。他們逐一討論，她發現有個三歲的男孩，從嬰兒時就被送進育幼院，是兄妹亂倫生下的孩子，哥哥事後被判刑，妹妹也因案發時未成年而被帶離家庭。她心想這一個男孩是不可能回家的，「為什麼他還沒被停親（解除親子關係）呢？」白麗芳問社工。

社工告訴她，律師都說送到法院，很難判定家長不適任而脫離親子關係，而且，孩子從出生後就受到妥善照顧，這樣在機構安全地長大，不好嗎？

白麗芳一開始不能諒解，後來她發現每名兒保社工身上背著三十多件個案，永無止盡的案子湧入，他們只能處理最緊急的情況，其他被安置的孩子就被擱置，「因為他們安全了，他不會發生問題了，我可以鬆口氣。」

一項難以面對的事實是，已被安置的孩子，除非調皮搗蛋被機構踢出，否則很難被社工注意到。換句話說，那些努力符合規範的「乖小孩」，是最容易被遺忘的。

白麗芳停頓一下，不想錯誤地表達自己的意思，她能理解兒保社工的壓力有多大，但是，「我希望他們不要忘記，他們服務的是孩子，每個都是活生生的孩子，不能只是完成工作而已。」

▼用愛撫平孩子的傷

多年協助孩子找到另一個家，白麗芳看到父母完整的愛，能夠撫平孩子的傷。

他們曾輔導一對養父母，陸續從安置體系領養了兩名孩子，都不是臺灣人偏好的領養類型：哥哥有東南亞血統，被領養時已近四歲，而妹妹出生不久後便遭到遺棄，有些口齒不清和學習遲緩。

這對養父母說，哥哥剛接回家時，氣氛很尷尬，他才四歲，很快就改口稱呼他們夫妻為爸爸媽媽，但表現得很拘謹，吃飯、洗澡、睡覺都乖乖配合，「他那時可能也在試探我們，很擔心我們把他送走吧。」第一個月，那名父親開車載兒子回家時，孩子常常「口誤」：回來你們家了，然後他不斷地告訴兒子：「這是你永遠的家。」

妹妹剛回家時更無法適應。這對夫妻從育幼院載著當時二歲的她離開時，行李塞不滿一個背包。照顧的阿姨解釋，育幼院的孩子沒有真正屬於自己的東西。前三

那些努力符合規範的「乖小孩」，反而可能是最容易被承擔高壓力的社工所遺忘的。（非當事個案）（攝影：林韶安）

個月，女兒經常哭得歇斯底里，當爸媽抱著她，而又想擁抱哥哥時，她會出手制止，說：這是我的爸媽。這對夫妻於是花更多的心力陪伴女兒，帶她復健，教會她認識每一種顏色。

現在，兒子已經十一歲了，遊戲時會不客氣地拿球丟向父親，也會騎上他的背任性耍賴，雖然夫妻都在大學工作，但他們沒有特別在意孩子的課業表現，反而替兒子請了游泳、籃球、足球、桌球教練。

「媽媽，我覺得我很幸運，可以當你們的小孩。」兒子七歲時，某天晚上抱著媽媽準備睡覺，小小聲地說。這對夫妻在接受我們採訪時被問到，有什麼是你們能給、但機構給不了的？媽媽起初想回答是物質資源，後來想到參觀過的育幼院蓋的氣派豪華；她緩了一下，想起兒子剛上小一時，她擔心兒子被罷凌、耳提面命的模樣，「不管你將來在外面遇到什麼事，都可以回家跟爸媽說，因為爸媽會是你一輩子的靠山。」

（本文作者：簡永達）

注釋

1 根據衛福部統計，二〇一七年臺灣兒少家外安置總數四千八百五十五人。其中，安置於寄養家庭的兒少人數一千六百二十一人；安置於親屬家庭的兒少八十六人，以及安置於機構三千一百四十八人，機構約占整體安置人數六成五。

2 二〇一一年臺灣參考兒童權利公約精神，將《兒童及少年福利法》大幅修正為《兒童及少年福利權益保障法》，訂出兒少安置的順序依次為：親屬照顧、寄養家庭，最後才是安置機構。

3 依據政府公布之《兒童及少年家庭寄養服務工作基準》，寄養家庭職前訓練課程需二十小時，每年在職進修不得少於三十小時。

【個案】

5 原來我也可以想像未來——十三年育幼院經驗，陳旺德成長之路

如果人生能重來，我希望不要經歷育幼院的那些日子。

故事要從我父親說起，他出生在日治時期，小時候發高燒，家裡沒錢帶他看醫生，從此失聰。因為身體上的缺陷，父親反覆失業，只能做零碎的工作謀生，像是在街上賣糖果餅乾，或在夜市擺彈珠臺。

不穩定的收入，讓父親很難找對象，直到五十歲才結婚。婚後陸續生下四個小孩，我排行老三。我出生時，父親已經六十五歲了。但是，我對母親沒什麼印象，她在我五歲時，因子宮頸癌去世了。

印象中的家，是個不到八坪的套房，一家五口讓房間更顯擁擠，父親沒有收入，領政府的社會救助金生活，家裡的家具大部分是揀回來的，桌上常堆滿了髒衣服，以及沒有清理的碗盤。

到我六歲時，社會局的社工評估我們「家庭功能不彰」，僅留下哥哥和老父親作伴，剩下的三個小孩，全被安置到育幼院。

直到現在，我仍記得被帶離家的那一天。一個阿姨說要帶我們去一個新地方，我不知道什麼是育幼院，也沒想到這一去就再也見不到家人，那種與家人分離的痛苦，我至今仍清楚記得。

從六歲進育幼院，直到十九歲離院，我在育幼院度過十三年的日子。儘管我跟姊姊、妹妹被送進同一間育幼院，但院裡男女分隔，我們很少碰面，在育幼院裡的日子，無依無靠，我很早就明白，我得讓自己趕快長大。

我所有的知識、習慣、性格、喜好、價值觀，都是在育幼院養成的。我要感謝育幼院的資源，讓我平安、健康地長大。

不過，一直讓我感到痛苦的，也是育幼院裡那套「感恩」的教育。從小，我們常被罵「身在福中不知福」，我們把你拯救出來，你們本來在家裡吃不飽、穿不暖，現在還不懂得珍惜？

這讓我感到內疚，好像我所用的一切，都不是我應得的。

舉例來說，育幼院常有人捐書，大多是宗教類的書籍或教科書，所以我們書桌上只會出現這兩種書，如果你向大人提出：想看漫畫、小說、繪本，那就是不懂得珍惜。

的確，育幼院比起我家，環境優渥太多了。育幼院有寬敞的客廳、高規格的電腦、一應俱全的運動器材，還有古典鋼琴。這些都是我的家庭無法負擔的。

不過，東西擺在那裡，不代表你有資格使用。你要表現得像個乖小孩，遵守規範、主動打掃環境、幫弟弟溫習功課。儘管如此，當大人心情不好，所有的福利都能隨時被收回。

大人們控制著方方面面，我很早就知道，要在育幼院裡生存，得學會看大人臉色。一般家庭裡能輕鬆得到的，在育幼院裡都不可能。像是補習，我的朋友高三時想補習數學，大人回他：「我們有提供課輔，你怎麼不好好珍惜，如果只給你，那其他人怎麼辦？」後來，我的朋友沒去補習，還被貼上負面標籤，從生輔老師到院童每個人都在背後議論：這個人是個麻煩精。

這套管教文化，最可怕的，是當院童幫大家爭取權益時，會被其他院童認為愛找碴。甚至還會懷疑自己：我是不是做錯了？

育幼院提供才藝課，院童幾乎都能演奏至少一種樂器，為的是「恩人」來捐款時，院童能上臺表演，表達感謝。記得在高三時，某個接近大考的週末，大人要我們接待某個「恩人」團體，我當下表示希望有時間準備考試，就被指責是「不懂事的孩子」。最後，我還是配合演出。

時間久了，會內化成另一種思考模式：我這麼做會不會給育幼院帶來麻煩？我總會先想到機構，然後才想到自己。

因為育幼院的照顧人力不足，必須仰賴一套管理規則。院童的生活作息統一：早上六點起床，晚上九點上床睡覺，中間穿插家務打掃和課業輔導。每項行程都是集體行動，若要中途離開則必須獲得生輔老師的許可。

如果違規，育幼院裡的處罰方式五花八門，打手心、打屁股、呼巴掌都有，輕微一點的罰禁足、罰站、罰抄弟子規；嚴重一點罰體能，像青蛙跳、側滾翻我都體驗過。有些老師雖然不會親自動手，但會縱容團體中年紀大的哥哥幫忙管理，就像個小型黑社會，拳頭大的聲音就大，帶著一票小弟，讓他們幫忙倒茶水、洗衣服、折棉被。

不過，有個人能打破所有規則，他是育幼院的主任，因為他說的話，就是權威、就是規則。

高三暑假，我已經是機構裡最大的孩子，沒犯過錯，成績也好，跟主任的關係特別親近。某次，他要我們提出機構管理的建議，我天真地提出了，希望機構裡有更多私人空間，還有更多性別教育，當下他和我有些口角。我原本不在意。隔天開始，原本貼心地幫我準備早餐的大人變了個人，不給我早餐，也不叫我起床，甚至沒來由地在弟弟們面前對我大聲喝斥。

那一刻我才清楚，育幼院裡權威教育的本質，雖然是「替代性家庭」，但育幼院終究不是家，我們永遠都是被管理的一群孩子。那時，我的心情經常低落，甚至埋怨過自己的出身，覺得自己毫無價值。

育幼院的權威教育從高聳的圍牆就能看出來，就像電影《刺激一九九五》（*The Shawshank Redemption*）的臺詞，一開始你恨這堵圍牆，漸漸地你習慣它，夠久之後，你甚至依賴它，這就是制度化。這套管教真正起作用的，反而是離院之後。

上大學後，別人會用奇怪的眼神看我，像是我不懂得跟人群互動。大學第一年，我沒跟同學出去唱歌過，因為，我擔心自己的表現不得體。十三年的育幼院生活，我確實沒有跟一大群人出去玩過，因為我必須回去機構，我沒有選擇。

進入陌生的世界，把我嚇壞了。我不敢進理髮店剪頭髮、不敢進餐廳吃飯、不敢挑一副適合的眼鏡、不敢為自己買一套漂亮的衣服。我總覺得，自己不配走進這些裝潢高級的店鋪，這讓我坐立不安。

我無意間發現，自己不是唯一感到不舒服的人。大學時期，我認識其他從育幼院離開的

從六歲起，陳旺德就在育幼院生活，機構內部的教養不鼓勵孩子們夢想與冒險，日子平淡度過就好。直到上了大學，陳旺德才有機會認真思考自己的未來，想像自己可以成為什麼樣的人。圖為陳旺德和妹妹在父親節時，一起寫卡片祝福爸爸。（圖片提供：陳旺德）

朋友，他們描述的痛苦，和我極其類似。我開始做更多訪問，蒐集我們院童的經歷，反思整個育幼院的教養文化。

離院後，多數院童過著拮据的生活，為了養活自己，必須打一到兩份工作。更糟的是，我們害怕想像未來。育幼院的教養不鼓勵我們冒險，更拒絕院童爭取自身權益，我們從小被灌輸：日子平淡就好。

離院的哥哥姊姊很多在餐廳工作，還沒離開育幼院的，也覺得自己未來會到餐廳端盤子。我也曾經這樣認為，每次想到未來，都讓我覺得自己一無是處。直到升上大學，我才有機會認真思考自己的未來。

幸好，我大學主修是社會學，提供我反思的視野。曾經我和多數的院童一樣，不敢想像未來，但大學導師不斷鼓勵我，讓我肯定這段育幼院的經驗。我想讓自己的經驗昇華，讓更多人注意到育幼院院童的教養議題。

現在，我是政大社工研究所的研究生，未來我想繼續當一名社工，讓所有育幼院的孩子知道：你值得擁有更好的未來。

（本文作者：簡永達）

PART 3 ▶
推命運的大石

像被迫推著巨石的薛西弗斯一樣，少年的每一步努力都費盡力氣。
一旦離開家庭、學校、機構，他們就是孤零零一人，
政府對少年安置的協助多在十八歲停止，協助者來了又走，不再現身。
於是，因失家而離校或離院的少年，每天得與生活搏鬥。

他們經常與同樣孤單的人相結伴，
哪裡給他們棲身之所，就往哪兒去。
他們尋找靠山，進入了江湖，投靠了「集團」和「會館」，
遊走在灰色的地下互助網裡，有時用藥物、酒精，麻痺自己。

不幸像隨時會橫阻眼前的大石，他們只能想方設法躲避。
不斷頂著命運的重負、難以喘息的人生，
少年們的努力，能不能逃離宿命？

1 江湖裡的少年兄——哪裡可棲身，就在哪裡生根

「全部不要動！現在是警察臨檢！」幾位荷槍實彈的警察應聲破門而入，制式手槍「喀嚓」一聲上了膛。江江跟朋友被突如其來的狀況，嚇傻了眼。

「這包是什麼東西？安仔喔！你們被捕了，配合一點！」聽到聲音從廁所出來的接頭人隨即被警察壓在地上。江江跟朋友對望了一眼，心想：「幹！死了，原來大哥要我們來拿的東西是毒品。」

當時年僅十六歲的江江，因證據不足，幸運逃過運毒罪，僅以施用毒品的罪名起訴，被少年法庭判處保護管束。回到基隆後，江江仍每天跟著宮廟裡的兄弟一起出陣頭，對於上次被大哥派去運毒、差點吃牢飯的事不怎麼在意。他說，是大哥給他一個棲身的所在。

海風使空氣帶著淡淡鹹味，遠處不斷傳來渡輪的汽笛聲，細雨霏霏的基隆，是二十歲江江的出生地。

江江的父母在他小時就離了婚，爸爸很早就離開不知去向。家裡只剩下大他一歲的哥哥，還有祖父母，四人相

依為命。祖父母每天早上四點到崁仔頂魚市賣魚，才能勉強讓一家溫飽。江江的哥哥有暴力傾向，「以前哥哥會打我，還會拿球棒打。他打我、我不敢還手，因為還手他會抓狂。」哥哥的暴力，外加學校的嚴格管教，讓江江在家中和學校都待不下去，於是跟著學長翹課，到地方看陣頭，去久了自己也下場跳，變成宮廟裡的固定成員。

原生家庭的根基不穩，他們就到別處。哪裡可以棲身，就在哪裡生根。

江江就是這樣，未成年時跟了他口中的大哥，大哥以私人宮廟做掩護，吸收大量少年當手下，平時出陣頭，但更多時候是跟其他地方勢力叫囂，江江和小弟們負責亮刀亮槍，有時甚至是運毒。

這些逃學、逃家或經常出入撞球間、遊藝場、酒吧等地的虞犯少年[1]，是黑道幫派最喜歡吸收的對象。

根據司法院統計，二〇〇六到二〇一六年的十年間，全國少年虞犯的人數從八百七十二名增加到一千三百八十六名[2]，比例增加了五九％；儘管少子化，少年人數減少，但被列為虞犯的少年卻增加了，這些少年成為幫派潛在可吸收的「人力資源」。

▼綿密的地下互助網

二十六歲的柏楊，嚼著檳榔，右眼下方有一道明顯的傷疤，是少年時跟別人幹架所受的傷。柏楊很年輕就成為三重區「潁川堂」堂主，採訪這天，喑啞的母親、嚼著檳榔的沉默父親，還有三名未成年的少年隨侍在旁，看得出他是這個家與堂口的權力中心。

柏楊的父親好賭，十多年前全家為躲債從雲林搬到新北市。為了生存，柏楊很小就開始打零工，後來加入宮廟，跟著大哥全臺出陣頭，也曾協助管理地下賭場、協助收帳和討債，最後開了自己的堂口。

潁川堂座落在新北市一棟公寓大樓內，一進門馬上聞到淡淡的線香味，神桌上媽祖、關公整齊供奉、陣頭法器一字排開。這裡的大門經常敞開，來去的都是附近不喜歡上學的少年仔；他們之中，有的爸媽離異、有的父親酗酒、癱瘓，他們融不進學校同儕，時常在夜市裡或街頭徘徊。與柏楊遇上，自然而然就進了堂口，這裡的沙發成了少年們暫住的床。

除了給少年一個遁逃的空間，這裡，還給了他們少有的尊嚴和安全。

柏楊知道沒有家人依靠的少年需要錢，他帶著小弟們出陣。出陣前，少年為了扮神祇而「開臉」，畫臉譜就代表神明，開臉之後不能隨意開口；他們挺起身子拿著關刀扛旗子，收起平時的放蕩不羈，在人們短暫目光的焦點裡，享受老師或父母很少給予的肯定眼神。

底層少年沒有依靠、沒成就感、易感易怒，潁川堂於是成為另類靠山。「我們是潁川堂的」這句話一出口，就能在三重地區擋掉一些惡意的挑釁。柏楊的堂口沒有主流的教條，提供歸屬感和經濟的安全感，身為過來人的柏楊知道歹路不好走，除了偶爾出陣頭，他帶著少年做正職，像是開卡車、修摩托車、做廚房風管清潔等等，同時要求他們初一、十五讀經，修身養性。我們見到紋身刺青、頸帶金項鍊的少年們口中唸著《天上聖母經》：「菩提心廣莫難量、觸處放毫光，為瑞為祥，供養法中王……」

柏楊心底仍有些不可碰觸的底線，「傷人打架還好，不要欺負弱小」、「堅持不碰藥」，因為，「我身邊朋友十個碰藥，大概十個都死了。」

多數的地下互助網，遊走在灰色地帶，有些比柏陽的堂口更為複雜，它們以「公司」、「會館」的型態，吸引少年少女們前仆後繼進入未知的風險。

顴骨高聳、頭髮整齊、說話彬彬有禮的理凱，現在是輔導毒品犯罪更生少年「利伯他茲基金會」的員工。曾在監獄裡蹲了三年多的他，和我們說起被幫派吸收的過程。

十七歲逃家後，理凱經常出入臺北西門町的撞球店，在那裡認識了混四海幫的朋友。「剛開始是跟大家一起玩，然後就去住在那邊，大家做什麼都在一起。」久了，就成為「公司」的一分子。

離開家庭或是學校，少年容易被「公司」盯上。公司的業務多樣，如酒店、遊藝場、夜店、按摩店或三溫暖等，由於營運需要大量人力，公司會在特定地點撒網，吸收新血。

理凱當時被公司分派到賭場當小弟，他的朋友們有的在酒店做「經紀」帶小姐，或是擔任「球板」組頭，在網路上吸收下線，經營球類運動的簽賭。

▼犯罪企業的基層勞工

公司或會館，是以往幫派的代稱。臺灣各地都有各自盤據的幫派勢力。

要接觸加入會館的少年不容易。這些少年為數不少，但像是走在另一個平行世界。我們透過毒品吸食者的人脈網，接觸到在竹北釣蝦廠工作的二十三歲小旭。

小旭的父親在他國二時過世，他認為自己應該承擔爸爸留下來的責任，很早就出外討生活，有一段時間，他每天

堂口除了給少年們遁逃的空間，也給了他們少有的尊嚴與安全保護。圖為三重穎川堂堂主柏楊(左一)與跟著他闖蕩的少年們在堂內聊天。(攝影：余志偉)

下午三點到凌晨一點在遊藝場工作，凌晨四點起再到麵包工廠做到中午十二點。但為了賺更多錢，他加入了會館。

小旭隸屬「風飛沙」，跟在他旁邊，剛滿十八歲的阿冰和阿翔各屬於「院口」和「三光幫」，各幫所做的「事業」不同，有的跟著大哥在夜市「管理秩序」（收保護費），有的跟老大討債，或在酒吧裡當圍事。他們身上多半有大片紋身，其中阿翔的腳踝上刺了對幫派表示忠誠的「日月星」。

少年剛加入幫會時，幫會會提供固定的住所。受訪的幫會少年們說，他們多數先充當公司管理八大行業中的跑腿小弟，每個星期有幾千塊零用錢；過一段時間得到上頭的信任後，才會「升級」，深入公司的核心業務。少年們對上一層的管理者，有時也不叫「老大」或「大哥」，時不時用「老闆」稱呼，他們不見得知道最上頭的老闆是誰，因為在一個老大的上頭，總有更大的老大。

電影《艋舺》裡那樣明白可見的黑幫集結，近年很少出現在人們的視線裡，主因是執法單位近年以《組織犯罪防制條例》做為起訴幫派的主要法律依據，黑幫為了避免被懲治，想方設法「漂白」，盡量減少各種儀式、固定場所的活動，也避免有白紙黑字的規約。黑幫透過成立公司法人，或透過宮廟的地域性拓展，進行非法生意，操作大量的地下經濟。他們也吸收眾多在地的未成年少年，為他們拚命。

少年毒品和詐欺犯罪的人數爆炸性成長

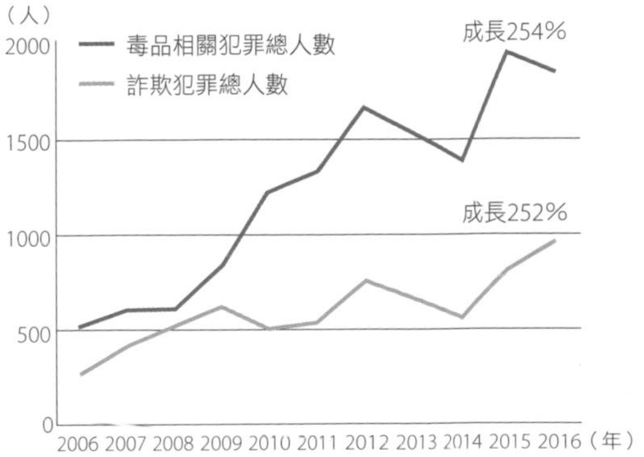

（資料來源：內政部警政署，設計：黃禹禎）

根據內政部警政署二〇〇六到二〇一六年的統計，臺灣少年人口（十二到十七歲）的總數隨著少子化趨勢，已經下降了二一%，但少年刑事犯罪的人數只下降了六%。

若從犯罪種類和少年矯正機構的數字，會看到少年觸法的人數不減反增。毒品犯罪和詐欺罪人數在十年間，從七百八十九位增加為二千七百八十八位，成長了二．五倍；而進入少年觀護所和少年輔育院的人數，也從四八七一位增加到五千七百八十六位，上升了一九%。[3]而這些犯罪特性多半是組織帶領，少年們被有系統地運用在這兩項犯罪上。[4]

在整個販毒與詐騙系統裡，少年扮演著重要角色，他們主要擔任販毒鏈裡的「小蜜蜂」或詐騙集團的「車手」和「收簿手」。

小蜜蜂是毒品販賣鏈的最下游，每天守著一隻「生意手機」，裡頭是買家的名單，等待買家來電後送貨交易。他們接到手機後就騎車面交，賣一公克K他命可以賺三百到五百元，生意好時，一天上萬元都不是問題。對上游管理少年的「養蜂人」來說，小蜜蜂是很好的工具，一來年輕人涉世未深，少年被上游的人教導，一旦被警察逮捕，要馬上摔爆手機，避免名單外洩；二來年輕人的交友圈更容易找到對應的消費者，尤其近年K他命、搖頭丸、毒咖啡包等各式常在派對上使用的二、三級毒品[5]，相當受年輕族群歡迎，還可進一步利用少年的身分將毒品滲入校園。

至於「車手」和「收簿手」，則是目前詐騙集團裡，最需要大量人力維持的底層角色。在詐騙體系裡，少年通常不會是在機房內設局或是操作電信技術的高階，而是必須在提款機前露臉的車手，或是四處收購人頭帳戶的收簿手。

新竹少年小旭就曾擔任收簿手，他以一本三千到四千元收購同學的銀行存摺，再以一本一萬元的價錢賣給上游，賺取中間的差價。「那時候真的很好賺，一天賣個十本都有可能。」小旭也說，除了銀行存摺之外，甚至連電信號碼、護照等，都可以賣出。

男孩們身旁也有不少女孩，她們有的擔任傳播妹，有的染毒後為了穩定的毒品來源，也當起小蜜蜂賺錢。男女孩多半念到高中就休學，通訊和社交軟體上分享的是他們賺到錢後吃喝玩樂的照片，同儕看見了便感到好奇，走偏門、賺快錢的訊息，快速在圈子裡分享、交流。

少年們加入公司或會館，有的是為了滿足物質欲望，但更多是因為家庭的破碎，為了獨立生活而誤入歧途。小旭就說：「我覺得只要有錢，生存壓力就不會這麼大。」跟著大哥們不規律的生活，環境裡又充滿酒與毒的誘惑，兄弟間搏感情宣誓效忠，很難不沾染惡習，像小旭已嚴重酒精中毒，若一星期不喝酒，突然聞到酒味，雙手會不停顫抖。

▼進江湖易，出江湖難

哪裡能給少年一條路，他們就往哪去。有時「公司」和「會館」會灌輸少年們說，十八歲以下犯罪成本不高。但實情並非如此。

《少年事件處理法》第八十三之一條[6]規定，犯法的少年在執行處置完畢一定時間後，紀錄必須被塗銷，讓少年可以如同一張白紙，面對社會。

少年們加入公司或會館，有些是為了滿足物質欲望，但也有不少是來自破碎或風險家庭，為了生存而走上歧路。(攝影：余志偉)

擔任臺北地方法院少年法官超過十五年的蔡坤湖說，進入司法程序之後，法律其實並不會將少年當成「罪犯」看待，而是秉持《兒童權利公約》[7]的精神，以心智未成熟人來處理。通常在面對觸法的非行少年時，蔡坤湖認為多數法官的態度，是給予少年機會，希望他們可以改過自新。

但是，少年們鋌而走險犯下的罪，仍可能會影響成年後的人生。

「我們的個案中，有位小蜜蜂在他十七歲被抓，被十幾位買家給指認『咬出來』（供出來源）。若一條判一年，最少就要關上十幾年了。」利伯他茲基金會專員臧興國本身也是毒品犯罪的過來人，他認為，少年們並不清楚法律上所需承擔的風險。

根據《毒品危害防制條例》規定，「製造」或「販賣」三級以上毒品，無論成年與否，都會判處至少七年以上有期徒刑。雖然法官對少年可能網開一面，轉而以「轉讓」或「持有」等較輕的罪名起訴[9]，但這並不代表少年可以免除法律究責。

除了法律上的風險，若少年在審訊期間將上游咬出來，會被幫派視為「抓耙仔」（告密者），那還得面對黑道的追殺。「那位被買家咬出來的少年就是這樣（咬出上游），改天被黑道抓住處理掉，屍體漂在基隆河上，我也不會意外。」臧興國說。

即使沒有牢獄之災，一旦進入了黑道的環境，被貼上標籤，就會像陷入流沙般難以抽身。

法官蔡坤湖說，他曾多次為犯案被列入保護管束的少年轉學，希望給少年重新開始的環境，但每回接手的學校只要看到孩子的案底，都會提心吊膽，甚至用各種軟釘子要學生離開。他說，很多學校對於「不聽話少年」的態度都是負面的，甚至採取隔離的方式，將他們從學校推給法院，他認為司法應該是最後的手段，還是應該從教育和生活面給予關懷與輔導。

只是社會很現實，如同蔡坤湖所說：「如果你被標籤成一個壞人、一個犯罪者，那你就真的可能會變成這樣。」

「一般社工都是在幫忙可憐的小孩子，但是犯錯的小孩子沒有社工在幫忙。」蔡坤湖認為，現行學校的輔導老師比例仍然偏低，但「一個正在往下墜的少年，社會以四、五個人力來照顧，若能及時挽救，都是值得的」。

▼怎麼協助非行少年回歸社會

「那個時候如果老師拉住我，我就不會這樣了，」二十五歲的阿科，過去七年都待在少年監獄明陽中學[9]裡。他因殺人罪，被判了十五年。

阿科在國小時常被霸凌，國中開始翹課，甚至跟老師起衝突。最後老師為了「不讓他打擾到其他同學」，同意讓他以請長假的方式不來上課。三年國中時光，他在校時間總共只有半年。阿科加入幫派並販毒，生意愈做愈大，到十七歲時已經接觸到毒品販賣的上游，買賣以公斤為單位。在一次交易中他被黑吃黑，損失了幾十萬的毒品。一氣之下拿了手槍去談判，最後意外地開槍把人殺死。

現在阿科已從明陽中學假釋，國中時沒有認真讀書的他，在矯正機構裡，不去打球也不看電視，一有時間就讀書，最後成功考上國立大學。但不是所有的少年都有像他一樣的毅力和決心，一點一滴掙脫過往累積下來的束縛，翻轉自己的命運。

像阿科這樣失足掉下懸崖的少年，爬起來所需的力氣，是一般人的好幾倍；他說，如果能重來，他希望和國中的老師之間，彼此能多點耐心。

做為一個沒有選項的人，只要有人對游離的少年伸手，任何溫柔，可能都叫他們義無反顧。

年輕時混江湖，等年齡大一點，見周圍的人被關或通緝，其實會心生疲累；江江和小旭都向我們吐露自己曾經想「過個正常的生活」，但與所謂「正常」的世界之間，有個突破不了的結界，他們就算想跨過，也很少人願意給他們機會重新來過。

他們需要主流社會的理解，與幫助他們回到主流社會網絡的中介。

善牧蘆洲少年福利服務中心主任侯雯琪，陪伴過無數的「非行少年」，她說，這群孩子生命裡經常看到「亂來」的大人，不知道社會的界線是什麼，他們會打遊民、虐待小狗，可能是因為沒有人告訴他們生命的重要。他們會玩得很誇張，像是慶生時玩過頭，把人綁在電線桿或壓進湖裡，他們在尋求刺激，卻不知道後果可能超出原本的想像。

侯雯琪和社工們遇到這樣的少年時，會先把底線告訴他們：你吃藥但不能用藥物誘姦女生、妳做高級伴遊但要避開不好的客人……侯雯琪必須放下主流社會的價值判斷，先同理少年的生存處境，再用他們願意接受的方式溝通，讓他們知道後果是什麼。

除了與長期生活在負向次文化裡的少年對話，如何協力他們離開原來的黑幫網絡，回歸社會，是目前最大的挑戰。

多數法官對於非行少年會抱持著網開一面的態度，希望少年們可以改過自新；然而，年少時期所犯下的罪並非毫無成本，仍可能影響之後的人生發展。（攝影：余志偉）

不少民間團體努力建立「中繼職場」的概念，協助司法少年回歸社會。但這是一條孤寂的漫漫長路。

例如更生少年關懷協會，從一九九二年就進入少觀所關懷司法少年。過去六年，他們會在暑期召募五十位志工，進入少觀所為少年舉辦學習活動，從認識少年的家庭、保護官、法官做起，在少年最脆弱需要他者引導時介入輔導，等到少年離開少觀所，再試著指引少年離開原本讓他們脫軌的環境，回穩下來。

更生少年關懷協會主任陳彥君已陪伴司法少年多年。陳彥君的母親，很早就在新竹誠正中學當認輔志工，陳彥君從國中開始就在媽媽與少年們通信過程，幫忙回信，她被母親的付出感動。今年三十二歲的彥君也把最青春的歲月投入協助司法少年，因為她目睹太多人被職場退貨，「有一名少年離開明陽中學後，在便利店做大夜班，但店長一看到（少年）身分證後面寫著『禁役』（曾入監服役），沒有理由就把他辭掉了，」陳彥君說，臺灣社會對於想重新來過的司法少年，並不友善。

於是，她先讓孩子待在協會成立的「616少年夢工廠」咖啡空間，實習六個月到一年，中間鼓勵少年考丙級證照，建立少年的職場生存能力，同時尋找友善企業銜接。

他們會到連鎖企業裡直接跟人資長談理念，過程當然極不順利，企業最常有的回應是，「碰毒品，偷竊的絕對不行用，我們沒有心力去帶。」陳彥君認為，社會給司法少年太多標籤，只有給他們機會，接納他們，才可能有良性的循環。更生少年關懷協會累積至今，已有十家友善企業願意提供司法少年就業和訓練的機會。但多數民間團體的做法，還是土法煉鋼，由親朋好友的公司提供工作，有時協會還得簽下合約，允諾當孩子出狀況時，社工與志工會協助處理。

人生不像電腦可以隨時重灌軟體、更新，重新開機，非行少年必須靠自己扭轉命運的那股無助，常讓他們放棄改變的念頭。

他們的處境就如同臺灣已故饒舌歌手宋岳庭的情況，宋岳庭在年少時，同樣因為家庭功能不健全而跌入歧途，出獄後寫了一首如同自身生命寫照的〈Life's a struggle〉（生活是場困鬥），歌詞深入刻劃了底層少年的心聲：「握緊拳頭的雙手，到底什麼時候才能鬆開？當活在泥沼中，到底要怎樣才能金盆洗手？」

對少年來說，要的不多。

在難以擺脫的泥沼生活裡，如果在關鍵時刻，有人拉他們一把，給他們生存的空間與機會，哪裡能棲身，他們就往哪兒去了。

（本文作者：李雪莉、楊智強）

注釋

1 根據《少年不良行為及虞犯預防辦法》規定，未滿十八歲，若有觸犯刑法之虞或是有以下不良行為者，為少年虞犯：一、與有犯罪習性之人交往。二、出入妨害身心健康場所或其他少年不當進入之場所。三、逃學或逃家。四、無正當理由攜帶具有殺傷力之器械、化學製劑或其他危險物品。五、深夜遊蕩。六、對父母、尊長或教師態度傲慢，舉止粗暴。七、於非公共場所或非公眾得出入之職業賭博場所，賭博財物。八、以猥褻之言語、舉動或其他方法，調戲他人。九、持有猥褻圖片、文字、錄影帶、光碟、出版品或其他物品。十、加暴行於人或互相鬥毆未至傷害。十一、無正當理由跟追他人，經勸阻不聽。十二、藉端滋擾住戶、工廠、公司行號、公共場所或公眾得出入之場所。十三、吸菸、嚼檳榔、飲酒或在公共場所高聲喧嘩。十四、無照駕駛汽車、機車。十五、其他有妨害善良風俗或公共秩序之行為。

2 少年虞犯人數在二〇一三年的人數最高，超過三千三百名。

3 二〇〇六到二〇一六年，毒品犯罪的少年人數從五百一十八位增加到一千八百三十五位，詐欺犯罪從二百七十一位到九百五十三位。進入少觀所人數從三千九百四十九人增加到四千六百七十六人，而進入少輔院的人數從九百二十二人增加到一千一百一十人。

4 立法院已於二〇一七年三月三十一日，三讀通過《組織犯罪防制條例》部分條文修正草案，為組織犯罪防制，特別是詐騙案件立法，加重「招募」他人加入犯罪組織行為之刑期，且不以犯罪組織之成員為必要，均科以刑責。同時增訂「法人及僱用人」等因其從業人員執行業務，而犯本條例相關犯罪之處罰。

5 一級毒品：海洛因、古柯鹼、嗎啡與鴉片等。二級毒品：搖頭丸、大麻與安非他命等。三級毒品：K他命、毒咖啡與FM2等。四級毒品：一粒眠、蝴蝶片與煩寧等。

6《少年事件處理法》第八十三之一條，少年在保護處分或是刑期執行完畢後兩年，或赦免三年之後，法院應該通知保存少年前科資料的機關，將少年有關紀錄塗銷。

7《兒童權利公約》（*Convention on the Rights of the Child*，CRC）指出，公約應該遵守兒童權利宣言：「兒童因身心尚未成熟，因此其出生前與出生後均需獲得特別之保護及照顧，包括適當之法律保護。」

8 不同等級毒品中「製造」、「販賣」、「轉讓」、「持有」、「施用」所判處的刑責皆不相同。少年被判刑後，不會進入一般監獄，而是依照狀況進入少輔院或少年監獄接受感化。

9 目前我國的少年矯治機構有三種，分別是少年觀護所、少年輔育院與矯正學校。少觀所的性質比較像是看守所，收容時間較短。少年輔育院是判決確定後，執行感化教育的處所，雖非少年監獄，但少年不得自由進出輔育院。矯正學校則有少年監獄與感化教育的兩種功能，誠正中學收本刑時間少於五年以下的少年，明陽中學只收本刑五年以上徒刑的少年。

2 離院之後，一個人的戰鬥

多年前一個靜謐的午後，新竹善牧少女之家的電話突然響了。話筒那頭傳來一名女子的哭聲，哭哭停停，始終說不完話。

接起電話的社工陳怡芳努力保持鎮靜，拼湊細碎的資訊：一名二十二歲的女子不堪同居男友毆打，現在帶著她三歲的小孩住進婦女庇護所。直到掛上電話前，陳怡芳才認出她的聲音，她是五年前離開家園的少女——小貓。

「政府要我們好好地照顧她們，我們也照顧了，但是，後來呢？她們離開之後成為成人，甚至成為母親，她們這一路走來，到底遇到了什麼困難？」儘管不願多做聯想，但陳怡芳從小貓身上看見一種童年創傷的輪迴。

小貓沒見過親生父親，從小母親換過不少同居男友，幾乎每一任都強暴過她，甚至某任繼父還找朋友一起輪暴她，逼她吸食安非他命。她無法忍受這種生活，十五歲就離家，為了生存，她在酒店陪酒、應召、援交。而她的母親對這一切知情，卻無法離開一個又一個的糟糕男人。

小貓最後被送進安置機構，這是政府為受創兒少織起的最後一道防護網，當家庭已破碎的失去功能，社工便會將孩子移出，交給其他人照顧。

父母對孩子的傷害不只性侵，還包含其他形式的虐待，儘管已事發多年，但童年的創傷就像一筆龐大的債務，依然深深地壓在孩子的身上。即便每位安置機構社工都竭盡心力照顧孩子，卻又不約而同地透露出擔心：我們把孩子照顧好好的，但他們離開以後怎麼辦呢？

▼自謀生路的艱難

根據衛福部統計，二〇一六年約有二千六百名兒少離開安置體系，其中三分之一是十五歲以下的少年，他們被迫提早進入社會，獨自生活。[1]這一年僅一百三十七人申請到政府的「自立方案」[2]，換言之，只有不到五%的少年受到政府援助。

如果當初將孩子移出是因為家庭徹底失去功能，那麼有多少孩子在離院後能真正返家？進一步詢問兒少安置的主管機關社會及家庭署，返家後離開的孩子有多少？儘管已立法規定，需針對離院兒少後續追蹤至少一年，但政府機關仍不清楚少年離院後的生活。主責兒少福利的政委林萬億坦承：「我們沒有一套嚴謹的系統追蹤，可以看到這群孩子的未來發展，這是一個很大的困境。」

英國從九〇年代開始關注離院少年的生活。他們的追蹤研究發現，離院後的少年普遍教育程度低落、失業率高，而且容易成為年輕父母、嚴重酗酒、染上毒癮，甚至成為街友，長期仰賴政府福利系統。

臺灣卻到二〇一〇年才出現相關研究。實踐大學社工系教授彭淑華接受政府委託調查，發現離院少年的確存在低薪、低學歷、低技術的情況。[3] 即便沒有像國外研究那般成為年輕街友，但彭淑華不認為沒有這樣的孩子存在，因為「真正狀況不好的孩子，我們沒有找到，我自己清楚研究的限制在哪裡」。

離院之後，少年能依靠的只有自己，每天睜開眼都是一場生存搏鬥。在育幼院工作二十多年的洪錦芳，不捨這群孩子離院後的

少年們離院之後，每天睜開眼睛都是一場生存搏鬥，既使再疲憊也不能喘息，想像未來對他們來說，是奢侈的行為。（攝影：林佑恩）

只有5%的離院少年受到政府援助

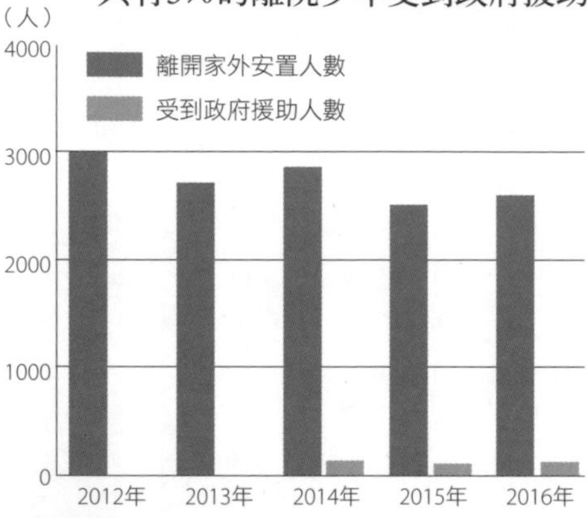

民國105年度，離開家外安置的兒少為2607人，但申請到自立方案的僅137人。

＊自立方案從103年度開始實施。
（資料來源：衛福部社家署，設計：黃禹禎）

脅迫，退休前創辦了中華育幼機構關懷協會（CCSA），「他們十五、十六歲離開了，看起來也都回家了，但很快就又出來流浪了，我眼睜睜地看他們成為小街友、混幫派。」她說。

自謀生路是個困難的挑戰，會讓離院的少年感到力不從心。

錢，是一切煩惱的根源。協助離院少年在社區自立的社工趙婉婷算過，他們在雙北市每個月的生活費至少要一萬六千元才夠，「房租跟伙食費我都算六千，這樣就一萬二了，再加上電話費、交通費、健保費就要一萬六……我還沒算他們的學費，他們大多讀私立的高職，每學期學雜費要兩、三萬，讀私立大學就更貴了，至少要五萬。」

龐大的經濟壓力，常常壓得他們喘不過氣，只有少數非常幸運的孩子，能夠申請到低收入戶補助。「他們明明就那麼辛苦地一個人生活，而且家人都已經沒什麼功能了，但計算低收還是要算進家人的不動產。[4]」婉婷忍不住替少年抱屈。

冠廷是社工口中，少數非常幸運的孩子之一。

母親生下他後離開了，留下他跟六十多歲的父親，還有其他四個兄弟姊妹，因為家貧無力扶養，冠廷四歲就被送進安置機構，直到十八歲離開。結束安置後他申請到低收入戶，能夠補助學雜費跟宿舍的費用，順利地就讀某間私立大學的社工系。

為了兼顧課業與生活，冠廷找了份學校的工讀工作，每個月薪水只有六千，「每分錢我都要計算怎麼花，因為到月底都只能剛好打平而已，所以我不能有任何意外的支出，我不允許自己生病。」冠廷的大學生活過的相當節制，他從沒跟班上同學一起唱過歌，直到大二才買了人生第一隻手機，「我根本不敢對未來有什麼夢想，我每天都在想著要怎麼生存下去而已。」

他們破碎的原生家庭只是運氣糟透的手拿到的其中一張爛牌而已。有些離院少年還未成年，已經集滿一手爛牌：輟學、毒癮、跟暴力的朋友混在一起、在低薪的工作裡載浮載沉。

阿國不小心踏入貧窮與犯罪的連接道。我們在臺東的監獄初次見他，臉上還未脫稚氣，說話時得費力地瞇著眼睛，才能削減近視對他的影響。

十六歲離開育幼院後，阿國身旁只剩靠資源回收過活的重病阿嬤。老人家也無力讓阿國依靠，他開始輪流住在朋友的租屋處，做過加油站兼職，也在夜市當過助手，工作總是一陣一陣的，沒工作也沒錢時，他靠偷竊維生，但他覺得自己沒什麼價值，不配拿什麼奢侈品，只敢偷些食物、零錢跟沒人騎的腳踏車。

他離院後頻繁進出少年監獄，直到最後一次，順手拿了別人的皮夾，不到兩小時就被警察找上，他原封不動地交還皮夾，但這次他已滿十八歲，被重判四年送進成人監獄。「我也想過一般人的生活，可是不知道為什麼就是沒辦法。」他隔著會客室玻璃對我們說。

▼無法喘息的離院生活

不是所有的離院少年都會一路墜往監獄，多數的少年都能熬過無家可歸的痛苦並避開牢獄之災，鼓足勇氣投入陌生的職場。

但初入職場仍把他們嚇壞了。有些人害怕打電話、害怕投履歷，害怕被拒絕，害怕自己無法勝任工作。就算獲得工作，有些人仍止不住擔心，他們害怕被雇主責備、害怕站上收銀櫃臺、害怕面對難搞的客人，此外，他們還相當擔心自己待過安置機構的事情被發現。[5]

低薪的工作讓他們經常徘徊在貧窮邊緣，很少有人能考慮到長遠的人生規畫。當薪水只能勉強打平生活開銷，他們最容易捨棄的就是教育這筆投資，結果陷入更不利的惡性循環。

十六歲的之翰只有國中畢業，他已經失業兩個月，戶頭裡只剩提不出的十八元。失業這段日子，他每天的行程大致如此：睡到中午才醒，因為可以省去兩餐，醒來後他沿著輻射狀的路線投履歷，「我什麼都願意做，只要門口貼有徵人，我就走進去投履歷……通常聽到他們說『我再拿給店長』，我就知道不會上了啦。」

他經常一路遞履歷，直到晚上十一點才回家，不過投完了五本履歷，卻始終沒人僱用他。之翰有線條柔和的顴骨，烏黑的眼睛藏在瀏海後面，搭配一百七十多公分的身高，活像個韓國的明星，但他的體重一度不到四十公斤，最窮的時候，他讓自己兩天吃一餐，晚餐

低薪工作讓離院少年經常徘徊在貧窮邊緣，很少有人能考慮到長遠的人生規畫。十六歲的之翰積極投遞履歷，但投完了五本履歷，卻始終得不到一份工作。（攝影：林佑恩）

只吃稀飯配鹽巴。

談到家人，之翰說的不多，只提到他從小被父親關在廁所改建的房間裡，四周的門窗都被釘死，即使白天也透不進光線，房間裡除了床板空無一物，只有角落擺著尿壺，大小便都在不到四坪大的空間裡完成。父親生氣時經常隨手拿東西往他身上砸，升上國中後，某次父親抓狂似地要拿菜刀砍他，之翰因此被送進一間緊急短期的安置機構。一星期後，社工送他回家，但他心裡清楚：這個家回不去了。

童年時期的創傷，讓他感到一種自我毫無價值的感覺，那令人窒息。他曾兩度有輕生念頭，一次買水果刀被社工發現，另一次他直接吞下整月分的肌肉鬆弛劑，他事後解釋：「我只想好好地睡一覺。」

他被迫承擔與年齡不符的責任，還有不必要的窘迫。原來，長大的滋味一點也不浪漫，反而更像場無法停下來的長程馬拉松。

「一直要工作，我覺得壓力很大，做一段時間以後我也會想休息一下，可是就是沒辦法，生活就是不允許，這件事對我來講很辛苦。我也常問自己，為什麼我做的事都不像我這個年紀會做的事……我才十六歲耶，十六歲應該是在讀書，應該住在家裡，不是整天在煩惱工作、煩惱生活，像我現在沒工作就在想：我下個月的房租怎麼辦？我的生活費怎麼辦？」他說。

▼低薪、低技術、取代性高，使少年們難以跳脫就業困境

就算獲得僱用，他們難堪的處境也不見得能夠改善。

僅有一橋之隔，橋的這端是人聲鼎沸的士林夜市，另一頭連接的是社子島，隨處可見資源回收場、鐵皮屋與地下工廠。十七歲的萱萱在一家美髮店當洗頭小妹，每天為這份正職工作超過十二小時，一個月休息兩天，她的底薪五千、洗一顆頭只能抽成十六元，必須要洗超過四百顆頭，才能領一萬出頭的薪水。

女孩的雙手長期泡在水裡以及接觸劣質的染髮劑，爬滿了蜘蛛網似的細痕。每個人辛勤工作都是為了領薪水的那天，但她說：「每次領到薪水我都沒有很開心，因為我知道這些錢一下子就不是我的。」

即便辛勤的工作，她的經濟仍有困難。領著不到基本工資一半的薪水，在臺北根本就難以生活，但一般的金融機構不會服務他們，少年的借貸多依靠朋友或地下貸款，以債養債，讓貧窮更加惡化。

萱萱的房間藏在洗髮店的夾層，她與室友同住，只分到一張床的大小。在某些脆弱的時刻，她會想起自己的原生家庭。

她小時候被父親吊起來打，經常吊超過八個小時，小三那年，她在某次父親盛怒下

逃出家，躲進警察局。後來，她被送進安置機構，一路換過七間安置機構與寄養家庭，沒有人能解釋她為什麼被推來推去，她就這樣一直搬家。但離院後的窘迫，常讓她後悔多年前的決定，「我常常在想，如果當初我沒有逃出去，我現在會不會還有個家……就算會被打，但至少還有個家。」

少年精疲力竭，勉強找一份糊口的工作，苦苦掙扎。雇主即使對他們的能力多所抱怨，仍會因工資便宜而僱用他們，只不過他們升遷無望。許多離院少年從事便利商店與餐飲業的兼職工，或是工地與農地的短期粗工。

低薪、低技術、取代性高，是這類工作的特色，這在文化大學勞工系教授李健鴻眼裡是不折不扣的「就業困境」。他用「烙印效果」來解釋：「年輕人第一個工作是『非典型工作』[6]，對於這個年輕人就是貼標籤，因為這類工作容易失業，要再找工作很困難。」長期來看，這會對他們造成幾個影響，「一是一輩子就業困難，二是無法轉正職，收入相對少，升遷沒有機會。」

對一般家庭的少年來說，就算在便利商店打工，只要有家庭支持，他們隨時可以離開這項工作，或透過家人資助繼續進修，讓自己遠離這些不利的就業條件。

離院少年沒有家人支持，還沒準備好就必須就業，即使再疲憊也不能喘息。原本應該做夢的年紀，卻很快就被現實掏空夢想，令人麻痺的無力感湧入，一併奪去了他們改頭換面的能力。

這些受訪的少年，很難去談論三年後的自己，「我已經很久沒有夢想了，我記得小時候我有很多夢想，我長大想念電機、想當工程師，現在都忘記了……現在只想過個平凡的生活，不會餓死就好了。」之翰說。

抱怨對他們來說是種奢侈，少年們更常把失業與窘迫的生活歸咎於自己，反而是陪在一旁的社工替他們抱不平。

他們出生的家庭無法選擇，後來被送進機構也沒有選擇，「今天他滿十八了，不代表他就具有生存的能力，但我們的法規就是切在滿十八歲，你成年就不關我的事了。」中華育幼機構關懷協會的社工督導丁子芸，協助離院少年自

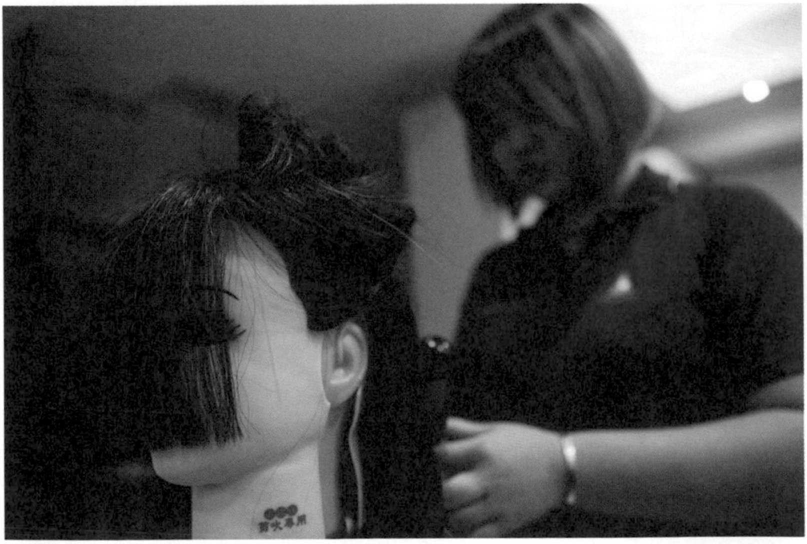

十七歲的少女萱萱每天工作超過十二小時，底薪只有五千元，一個月要洗超過四百顆頭，才能領到一萬出頭的薪水。（攝影：林佑恩）

立將近十年，她常懷疑自己的工作毫無用處，非常挫敗，「當我們服務這群孩子，政府經常用最低的生活標準期待他們，好像認為他們可以過日子就好了……我經常會覺得好像養了一群很不重視自己健康，不重視自己勞動權益的孩子，他們就一直生活在社會底層，很難翻身。」

▼斷裂的離院少年服務，讓後續追蹤困難

臺灣從一九五〇年代起陸續設立育幼院，最初是收容戰時孤兒。一九七三年公布《兒童福利法》後，納入照顧家庭貧窮而無力扶養的兒童，一九九〇年代，兒童受虐的情況獲得社會關注，育幼院開始投入庇護受虐兒童。

後來二〇〇三年《兒童福利法》與《少年福利法》整併成《兒童及少年福利法》（簡稱《兒少法》），二〇一一年又依據兒童權利公約精神大幅修正為《兒童及少年福利權益保障法》（簡稱《兒少權法》），政府公權力得以介入家庭，社工可以將受虐的兒少帶離家庭安置，讓孩子獲得安全的照顧。臺灣的發展安置體系至今超過半世紀，卻一直到二〇一一年，時任監察委員的沈美真糾正內政部，未依法照顧離開安置體系的少年，政府才終於注意到少年們離院後的生活困境。

政府對此很快做出回應，同年底修改《兒少權法》，針對離開安置體系兒少，各縣

市社會局應後續追蹤輔導至少一年，如果發現有無法返家、必須獨立生活的少年，可轉由各縣市承包自立方案的社工協助，由他們提供離院少年生活與租屋補助。

政府的流程看似完整，實際上仍漏接了不少亟需協助的少年。根據衛福部社會及家庭署統計，每年約有三千名兒少離開安置體系，但二〇一六年全臺申請自立方案只有一百三十七名少年，二〇一七年申請補助的更只有一百一十多名，申請比例不到百分之五。

在安置過程中，社工服務的斷裂

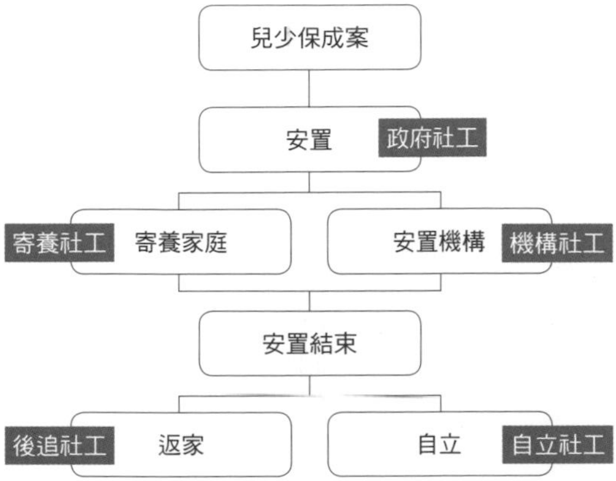

臺灣給予離院少年的服務相當斷裂。他們在安置機構由機構社工照顧，離院後改由後追社工輔導，如果必須自立生活，再轉由自立社工協助。

（整理：簡永達，設計：黃禹禛）

面對兩者數據的落差，彭淑華認為問題可能出在後續追蹤系統功能的薄弱。她經常參加離院追蹤的會議，聽到一群挫折的社工訴苦說找不到孩子，「他們的困難在於，他們跟這群少年沒有關係，尤其針對離院的少年，他（少年）會覺得，我幹嘛定期跟你報告？」

還有一種狀況，是少年的工作不穩定，經常換縣市工作，社工最後往往失去了他們的消息。目前每年各縣市社會局會撥一筆錢，委託給民間單位的社工追蹤離院少年，只有少數縣市由社會局自己做。在實務上會變成如果孩子戶籍地在臺北，後來跑到高雄去工作，臺北市社會局就會委託給高雄的社工，如果再跑到南投就要再委託給南投的社工。在轉來轉去過程中，很容易就跟丟了。

但英國的做法或許能提供一個對照。當少年預備離開安置體系的前半年，就有一名社工開始跟孩子接觸，跟他們討論未來的計畫，即使離院後，這個孩子到外地去工作，同樣由這位社工陪伴，「他們的概念是，離院之後我就是等同於這個孩子的父母親，父母親怎麼會因為孩子跑到外地工作，就跟他中斷聯繫了。」彭淑華解釋。

然而，臺灣提供給離院少年的服務，卻是相當斷裂。他們在安置機構由機構社工照顧，離院後換成後追社工輔導，如果要自立生活，再轉由自立社工協助，要是少年遇到就業的問題，再轉由職訓單位介入。

切割式的服務及缺乏長期穩定的陪伴，離院少年生活的艱難很難被看見，加上現行的「外包式」社會福利政策，讓政府也將責任外包了。現行《兒少權法》僅規定，針對離院兒少應追蹤輔導至少一年，但中央政府並沒有編列相關預算，也沒有制定具體的服務流程，導致各縣市落實的狀況不一。

據衛福部統計，累計到二〇一六年，約有五千多名離院兒少需要後續追蹤，但各縣市編列的社工人力卻有極大差別，例如資源豐厚的臺北市，六十多名社工的後追案量是兩百八十人，每名社工平均輔導四名離院少年；反觀高雄市後追人數高達六百二十人，卻只委由八名社工追蹤輔導，同時這群後追社工還必須負擔家庭輔導等其他業務。

新北市擁有全臺最多需要追蹤輔導的離院兒少，長期由兒福聯盟接下這項任務，儘管契約僅寫明「每個月一次面訪、兩次電訪」，社工黃巧妮總是想要做得更多，卻因為跟離院少年沒有信任基礎，而且「我們能給的資源只有錢，如果他不缺錢，或是他不想跟我們接觸，那我們真的很難有著力點」。

她遇過一名十七歲少女，結束安置

臺灣每年約有三千多名兒少離開安置體系，離院後，如果無法回到原本的家中安定下來，就可能面對自立生活的狀態。這對於缺乏各種有效支援的孩子們來說，是極嚴峻的挑戰。（攝影：余志偉）

後就離開家，少女後來選擇跟三十多歲的男友同居，即使黃巧妮有些擔心，但是，「她就是不需要錢，我們追蹤一段時間之後，也只能消極性的結案了。」

他們倔強且深諳街頭生存法則，外表看似堅強，但卻隱藏著不穩定的風險。

丁子芸永遠記得她服務的第一個離院少女。她走進一棟生鏽鐵門的老舊公寓，陳舊破敗的黑暗走廊胡亂牽著各類電纜配線，四周瀰漫著悶悶的發霉味，丁子芸鼓起勇氣敲門，女孩從半掩的門口露出頭，從縫隙中，她看見一名半裸的男人躺在床上。後來，那名少女用連串髒話轟走了丁子芸。

兩次、三次、四次……丁子芸反覆去敲門，讓女孩相信社工是真的關心她。女孩後來能聽進社工的話了，她跟男友搬到明亮乾淨的公寓，一切看似都步上正軌，但丁子芸仍放不下心，因為少女的工作不穩，經濟上長期依賴男友。某天半夜，丁子芸接到少女的求助電話，她被男友趕出家門，一個人帶著所有的行李在街頭遊蕩，丁子芸陪著她坐在路邊，哭了一夜。

「我們做少年工作的，要做到『我們一直都在』，今天不會因為你掛我電話，我就掛你電話，我們青少年社工要用穩定跟專業去陪伴他們。」丁子芸經常陪伴少年走完從離院到穩定就業的最後一哩路，她發現少年是最不懂得求助的一群人，需要長期建立信任關係的社工鼓勵他們，推他們一把。

陳怡芳同樣相信陪伴的力量。她聊起當年小貓的那通電話，其實很多內容已經記不清了，但她深刻地記得小貓說：「沒什麼事，我只是想打電話來問問看，妳還在不在（家園）？」

那句「妳還在嗎？」讓陳怡芳再也放不下對離院少女的責任。在她十五年的安置社工經驗裡，陸續碰過離開的女孩突然按門鈴，問有沒有東西吃？或是突然遭遇車禍的少女，焦急地打電話說付不出醫藥費。

「那些經驗都讓我們回頭修正，我們要幫還在園裡的少女做好哪些離園準備。」陳怡芳開始邀請離園的學姊回家告誡學妹：離開後要小心爛男人、要仔細計劃每一分錢，還有永遠要替自己留一筆緊急預備金。

少女間的互助也有一種治癒效果。有個女孩從前的願望是當幼稚園老師，但離院後的窘迫讓她一度忘了夢想，現在她幫其他離院的學姊帶小孩，她跟怡芳說：「那感覺很棒，我都差點忘了我還會這個。」

如同許多青少年社工共同經歷的，陳怡芳的心情經常像鐘擺般擺盪，她一方面驕傲離院少女的韌性，卻又經常擔心她們的處境。「一般的女孩如果跟老公吵架，她還有個娘家可以回，但我們的少女是沒有娘家可以回的。」她說。

已是少女之家主任的陳怡芳，一直有個夢想，她希望自己有間大房子，可以讓疲憊的女孩稍稍喘息，「她們不是要福利依賴，只是需要一個沙發，讓她們累了可以休息一下，再出去飛。」她接著說，「然後，我們會一直在這裡，幫她們加油。」

（本文作者：簡永達）

注釋

1 兒少安置機構最多照顧孩子到十八歲，但實際上多數少年都在十八歲前就離院，部分是因為孩子的原生家庭，經社工努力已恢復照顧能力，孩子得以返家；另外部分原因則是機構床位數有限，每年又有許多新入案的兒童需要被安置。

2 衛福部社會及家庭署公布之「少年自立生活適應協助計畫」，簡稱「自立方案」，少年離開安置機構後，可能因家庭功能不彰無法返家，且少年缺乏一技之長，離院後勢必面臨欠缺生活費、住所、工作等困難，特別需要社工持續追蹤輔導。

3 彭淑華接受當時的內政部兒童局（現衛福部社會及家庭署）委託，二〇一〇年發表《兒童及少年安置及教養機構離院個案生活現況研究》，訪問三十位離院的少年，一半的學歷是國中程度，其次為高中職，多數少年的工作是兼職工作。

4《社會救助法》第四條規定，低收入戶須符合家庭總收入平均分配全家人口，每人每月在最低生活費以下，且家庭財產未超過中央、直轄市主管機關公告之當年度一定金額者。

5 在採訪過程裡，這些離開機構後尋職的少年，大多會在尋職時刻意隱瞞自己待過安置機構的事情，有些人隱瞞是因為討厭聽到同事的閒言閒語，有人則是在工作上吃過虧，例如之翰，他曾應徵上一家連鎖餐廳的服務生，就在上工前一天，負責輔導他的社工打電話給餐廳老闆，希望老闆好好照顧，結果當天晚上餐廳老闆讓之翰隔天不必來上班了，因為他們擔心政府的社工會經常打電話「關切」勞動條件。

6 非典型工作指雇主為了節省人力成本，大量雇用非正職工作人員，常見的有兼職工作、臨時工、派遣人力等等。

【個案】
3 為了賺錢，我到多明尼加做詐騙

十九歲那年，我第一次出國，一句英文都不會講。因為，我不是去旅遊的，我是去做詐騙的。

小時候，我家裡經濟還不錯，直到小學五年級，姑姑欠了一堆賭債，爸爸幫她做保，揹了幾百萬的債務，連家裡的透天厝都賣了。

國中時，我們借住親戚家，那段經歷讓我很痛苦。怎麼說呢，例如：想買零食就要伸手跟親戚要錢，或是經常被表哥使喚，他叫我去買東西，我如果不去，他就會嗆說：「你不做，要不然你搬出去。」寄人籬下，爸媽也沒辦法說什麼。他們平日做板模工，收工後經常跟朋友喝酒喝到爛醉，回來就發酒瘋，兩個人會互毆，我國一個子還很小，就要卡在他們中間拉開對方。

我不喜歡念書，國二開始蹺課逃學，但我也不想整天待在家裡，看爸媽吵架，所以我就到處住朋友家。我爸媽沒有找我，學校裡的老師更是落得輕鬆，因為我在學校也是搞破壞，他們叫我不要來上課，畢業典禮再來就好，一樣發給我畢業證書。

國三的暑假，我們搬出來自己住，租在桃園八德附近，一個月租金才四千元，但我爸媽有時還繳不出來。為了補貼家裡，國中畢業我就到小籠包店工作，每天工作超過十四個小時，整個月只休一天。

我從小就明白一件事情，沒錢會被人家看不起。很簡單，高中時，班上同學都用智慧型手機，當你想買一支好一點的手機，你只會被罵：家裡就沒有錢，買那些東西幹嘛？你問我們家窮嗎？說真的，我們家沒讓我餓過肚子，但我從小就知道家裡的經濟壓力很大。

我也想過，為什麼我要承擔這些經濟壓力，才十六歲就要一直工作。為什麼我要出生在這樣的家庭？我覺得窮沒關係，但我最受不了他們喝醉，大半夜挖我起床，問：你有沒有把我當你爸？你有沒有把我當你媽？每個人都有壓力，我就是受不了他們把壓力都推到我身上，我覺得很煩。

其實，我還有一個姊姊，跟一個弟弟。他們也受不了待在家裡。我姊高中就跟男友同居，後來她懷孕了，高中沒畢業就結婚了；我弟整天跟外面的朋友鬼混，國中開始用藥，已經進出少年法院很多次，但他還不死心，之前想跟我借錢買一批藥，他說只要能把貨都賣出去，就能賺一大筆錢。

後來，我想通了，我現在最大的夢想就是把家裡照顧好。其實，我爸為了養我們，他的腳趾在工作時受傷，截肢只剩兩隻，但他還在做工地。我朋友知道我家裡情況，問我要不要去做詐騙，我只問他：好賺嗎？他回：很好賺。

我認識這個朋友很久，他們家跟我們家一樣，什麼都沒有。幾個月沒見到他，再見面時，他開賓士、戴金項鍊，把家裡的經濟弄得很好。

說來諷刺，直到最近收到法院的傳票，我才知道家裡債務沒還。我每天兼兩份工作，我爸媽也拚命做工地，但賺來的錢，每個月只能把家裡的支出打平，至於一開始揹的幾百萬的債務，居然一毛都還沒開始還。

少年從多明尼加脫困之後，平安回到臺灣，在一家山產店當廚房助手。現在的他有個兩歲的兒子，對於職涯發展依舊茫然。（攝影：余志偉）

我的想法很簡單，如果能賺一筆大錢，我就能讓我們家好起來。回家以後，我只跟我媽說了一句：我要去做一筆大生意回來。

第一次出國，我揹了個後背包，因為當時臺灣是夏天，我只帶了三件短袖上衣跟一件短褲。到了機場，我才知道要去多明尼加，這趟有四十多個人要去，從臺南到花蓮都有，年紀在十六歲到二十三歲之間。

剛下多明尼加的機場，我還來不及飽覽海島的風光，詐騙集團的人就讓我們擠進一輛麵包車。車子開進一棟豪華別墅，每層有一百坪，有室內停車場跟室外游泳池，頂樓的房間一字排開，擺了四、五十隻電話。

前三天排了密集的訓練，發了一本教戰手冊，教我們要怎麼用話術讓接電話的人上鉤。我們分成三組，我們菜鳥是一線，要偽裝成中國電信的客服人員，提醒他們的帳戶有問題，再轉到兩三線，他們分別偽裝成中國的公安或檢察官，恐嚇他們付錢。

剛開始只覺得整天裝大陸口音挺煩的，直到某天同梯的騙了一個老人五百多萬人民幣，我才跟帶頭的說：這樣不太好吧。後來，他把我關進地下室，不准任何人跟我接觸，手機、護照都被收走，房外有個外國保鏢負責看守。

地下室透不進光線，房間破舊陰暗，角落擺了張生鏽的鐵製上下鋪，看起來像電影裡的鬼屋，而且整個月沒跟人說話，差點瘋掉。關了快一個月，我知道每晚八點，外國保鏢會用房間的浴室洗澡，我趁機偷拿回手機，傳了封簡訊給我媽：「救我。」

我不知道我媽怎麼跟集團的老大談判，也不清楚付了多少贖金，總之，他們願意放我走，把我丟包在多明尼加的機場。

回臺灣要在紐約轉機，我記得紐約的天氣很冷，我穿著短袖短褲，坐在機場的大廳，看著旅客來來去去，但我一句英文也不會講，就這樣餓了兩天，沒吃也沒睡。直到遇見一位從臺灣來出差的大叔。

他看我一個人坐著，主動問我是怎麼回事？「大叔，我不能講，但我兩天沒吃東西了，身上也沒錢，你能買點東西給我吃嗎？」之後，那位大叔把身上的大衣給我披著，帶我去領機票，還請我吃了碗熱湯麵。

回臺灣以後，我繼續在餐廳工作，每天工作十四個小時。最近我朋友找我去廣東做生意，過陣子我想去看看，能不能賺一筆錢，讓家人從此好過一些。

（本文作者：簡永達）

PART 4 ▶
衝出創新之路

少年們在生理、心理變化最大的時候無依無靠，
懷疑生命、缺乏自信。
原有的體制講求救率，規範過多，
他們又是最不懂得向外求助的一群人。
於是，社工們、老師們思考接住他們的可能方式。
香港有二十四小時的外展社工，
用各種創意方法找出在街頭需要協助的少年；
臺灣也有結合家園與學園的中介教育，試著慢工出細活對待少年；
南韓的另類學校則試著以村落的方式，打造讓少年發展未來的庇護所。
他們都相信，社會不能只是培育少數有才華的少年，
我們必須帶進更多人的力量，一起改變底層少年的困境。

1 社工要比黑社會更有吸引力——香港外展服務，主動在街頭接回每個少年

凌晨兩點，香港街上的燈光漸暗，當整座城市睡去，卻有一群社工整裝出發，他們在網吧與撞球間出沒，甚至遠到深圳的關口，主動結識在深夜逗留的少年。

他們是深宵外展的社工，這是香港最主要的邊緣青少年[1]服務，所謂的「外展」（Outreach），不是留守在辦公室等待少年上門，而是主動到少年聚集的地方，結識少年，並提供協助。

全港每天二十四小時，都有一群外展社工在街頭，窮盡力氣找出那些不被看見、卻需要協助的少年。

▼在街頭接回每個少年

香港的外展服務開始得很早。在一九七九年發展之初，只有十八支日間外展社工隊，編制一百八十名社工在全港展開服務。

九〇年代起，香港的士高（Disco）林立，街頭古惑仔的械鬥成為治安重點，加上青少年吸毒的情況日趨嚴重，

根據香港禁毒處的報告，自一九九〇年起，香港青少年吸毒總人數由一千二百零七人，成長至一九九四年的四千二百八十九人，大幅增加二五〇%。

社會福利署於是一口氣在全港成立十八支深宵外展隊，工作時間從晚上十點到凌晨六點，補足日間外展的空白。二〇一〇年至今，香港政府每年撥款一．三億港幣（約五億臺幣）投入青少年外展工作。

香港政府願意投資，讓外展工作取得豐碩成果。據香港政府統計，二〇〇七年至二〇一七年，青少年犯罪人口從每年九千六百多人下降至二千七百人，而二十一歲以下的吸毒人口也從原本每年近三千五百人降為五百人。[2]

從臺灣、中國沿海、到部分東南亞國家，都在參考香港的服務模式。

二〇〇一年澳門政府在香港的協助下，開展青少年外展工作，二〇一一年新加坡取經香港，首度設立兩支青少年外展隊伍，臺灣長期關注兒少福利的行政院政務委員林萬億也說：「香港的外展做得很好，他們分工非常細緻，這是我們要學習的。」

但真正讓香港願意投入青少年服務，卻是來自一九六七年的一場暴動。[3]

當時香港爆發大規模示威、罷工，參與暴動的許多是青少年，七〇年代香港政府委託學者研究，香港中文大學社工系教授吳夢珍在一九七五年發表《青少年犯罪成因報告》，發現家庭關係、居住環境和學校是影響青少年犯罪的長期因素。

港府認為要穩定香港，首要穩定青少年，於是十年內逐步建立青少年服務體系，包含社區的家庭服務中心、學校社工及外展隊伍。

現在，香港的青少年服務已經擺脫「社會控制」的思想，他們認為青少年有權利，值得過更好的生活。

▼耐心守候，等待改變的關鍵契機

少年阿鈞在天水圍的公屋[4]長大，經常半夜聽到鄰居的吵架聲與瘋狂的尖叫聲。他是家中獨子，父母因工作常常不在家，放學後，他寧願在附近公園流連，直至深夜。十四歲那年，他在街頭接觸古柯鹼與K他命，之後索性連學校

香港信義會深宵外展社工二胡(左)與October(右)，經常深夜出沒在街頭與撞球間，在街頭接回每個少年。(攝影：陳朗熹)

也不去了。他開始工作，做過快餐店、送過貨運，換過二十多份打工。

天水圍距離香港市區二十五公里，地理位置上更接近深圳，緊鄰二十四小時通關的落馬州口岸，少年們經常跨境通宵玩樂。由於深圳的夜店查緝不嚴，毒品取得容易，少年跨境吸毒的情況嚴重卻不易被警方察覺，因此，香港信義會在天水圍成立第一支深宵外展隊伍。

阿鈞就是在十四歲那年，在街頭碰到深宵外展隊的社工October。

從遇見的那一天起，October每週至少打三通電話給他。阿鈞剛開始覺得很煩，但後來發現，不管是去醫院、還是投履歷，社工一直陪在他身邊。過了三年，他滿十八歲卻仍在就業市場裡浮沉，兩個月內投了超過二十份履歷，始終找不到工作，他終於開口跟October說：「我想回去讀書。」

對October來說，這就是她一直在等待的關鍵時刻，「只有在這個時候，你的介入才是最有效的，大部分時間我們都在陪伴他。」她說，如果你一開始就要少年改變，只會把他愈推愈遠，他們身邊已經有太多大人說教了，不必多社工一個。

阿鈞產生改變的動機後，October陪他一間間打電話找學校，也幫他找了一份工讀，阿鈞的目標是希望過幾年能當社工，「像我這樣的廢青她都能拉回來，我覺得很有意義啊。」

「青少年是最不懂得尋求幫助的一群人，他們以為自己沒有需要，但他們身上的問題往往已經很嚴重了。」香港信義會青少年服務總監竺永洪說，外展社工的最大特色，就是到街頭找出一群隱形的需求者。

要接觸邊緣少年並不容易，他們已累積太多生活的挫折和社會的排斥，不那麼輕易相信大人，外展隊的社工要取得信任，有相當的挑戰。

竺永洪將近五十歲，擔任青少年社工超過二十三年，他的打扮很「潮」，粉色的開襟襯衫、及腰長髮束著長馬尾、手上戴滿了指節戒。

如同一位受訪者告訴我的，當外展社工「最緊要『型』」。他們大多年輕、充滿熱情，不去評判少年的交友和選擇，而是想盡辦法融入少年，跟他們一起在街頭玩滑板，或直接拿著手機湊過去問：「你有玩『傳說對決』嗎？我們一起玩好不好？」

他們看重少年的權利，願意花時間等少年敞開心胸、等待改變的契機出現。

▼工會支撐，讓社工更能拓展新服務

香港社工能夠花時間等待個案，背後是成熟工會的支持。「我們有很強大的工會，立法會也有很多社工背景的議員，規範社工的個案量，他們才（有餘裕）能設計一些新的服務出來。」香港中文大學社工系教授倪錫欽說。

香港社工服務的個案量都由工會與政府協調後公布網上。其中，深宵外展的案量比一般青少年社工更低，社工平均案量為三十件，但深宵外展社工手上往往只有十件。

「我們去街頭認識他們、建立關係，這些都是需要時間的，如果只從個案量看，這些工作都看不見了，所以我們當時就跟社會福利署提出要納入『潛在個案』，有些青少年應該是有需求的，只是他還沒被發現而已。」曾代表工會與社福署協商的笪永洪說，「我們的態度很堅定，是因為你政府沒有這項服務，才找民間機構來提供，所以你要尊重我們的專業。」

那臺灣呢？儘管多數社工也想接住每個少年，但手上的個案太多，已經沒有多餘的心力在街頭拉回少年們了。

從服務量來看，全港七百五十萬人口，社工約二萬二千人，對比臺灣二千三百萬人口，社工僅一萬三千多人，服務量是香港的三倍。此外，香港社工待遇也高，平均起薪二萬港幣（約八萬臺幣），高過香港平均收入中位數的一．二萬港幣，而且政府讓公私部門的社工同酬，讓更多社工願意投入第一線工作。

善牧蘆洲少年福利服務中心是臺灣少數的青少年外展單位，中心主任侯雯琪常感到力有未逮，他們只有六名社工，要經營青少年中心，要做外展服務，還要負責追蹤輔導離開感化院的少年。

不過，發生在青少年身上的問題通常不易被察覺，他們也是最不願意向社福系統求助的一群人，這是為什麼香港要建立外展服務：深宵外展的社工要在街頭認識少年們，走進他們的生活，建立彼此的信任關係，才能察覺更深層的問題，再替少年連結需要的社福資源。

如果家庭關係破裂，全港有六十五間家庭服務中心的社工可以即時介入；如果被同學霸凌，五百六十四間中學都有社工能協助輔導；如果無家可歸，二十四小時開放的協青社「蒲吧」準備隨時承接少年。

在協青社成立之初，他們的外展隊在街頭找出遊蕩少年時就知道，需要為少年準備一個落腳的地方。不必是長期

協青社為有需要的孩子提供八週的短期住宿，在這段時間內，社工可以介入輔導，也能避免孩子在外頭遊蕩。（攝影：陳朗熹）

的安置機構。協青社危機住宿中心的主任楊卓華說，少年很多只是跟家人關係緊張，他們離家出走，輪流住在朋友家或網吧。

只要能把小孩帶回來，社工就有機會介入，產生改變。他們提供八個星期的短期住宿，在這段時間裡，協青社社工可以介入輔導家庭，也能避免少年深夜不歸。

原本只是提供十八歲以下的少年住宿，楊卓華二〇一六年把年齡調高到二十一歲，他發現就算少年住到十八歲離開，工作還是不穩定，只租得起惡名昭彰的籠屋，「我們收他很便宜的水電費，他薪水的三分之二可以好好規劃未來。」

▼將少年喜歡的東西搬進社福機構

二十五年來，協青社經歷了許多學習。他們發現外展隊不是萬靈藥，在街頭總有不願理睬他們的少年。所以，他們把年輕人喜歡玩的都搬進蒲吧，主動吸引少年上門。蒲吧的大樓頂層有攀岩場和室外游泳池，一樓挑高的室內籃球場裡，一名社工正和少年進行鬥牛，當帶我們導覽的社工經過時，少年突然對著他大喊：「你別走，我要送你一顆三分球。」

大廳裡滿牆的塗鴉抓住目光，有少年用麥克筆在牆上寫下：「哪會怕，有一天會跌倒」，來自香港樂團Beyond的歌詞；隔壁的視聽包廂裡，有幾名少年正在用大投影幕看電影，走廊上另一名少年突然腳踩滑板從轉角竄出，又消失在盡頭。

「在街上沒東西玩只是『齋 TALK』（純聊天），少年很少會理你的，」蒲吧中心主任 Janet 說，不想讓少年半夜逗留在危險的街頭，被黑社會吸收，那就要比黑社會更有吸引力。

蒲吧發現少年的興趣變得很快，前幾年玩的是滑板，現在都在打遊戲，於是，他們買入三十臺最高規格的電腦，成立職業電競隊伍。

少年夜蒲（夜生活）的熱點，也悄悄發生變化。原本少年常在彌敦道與旺角道的 Disco 吸毒，這裡也是深宵外展隊常去的地方，但現在他們躲在朋友家裡吸毒，更不易被察覺與介入。

於是，外展隊把貨車塗鴉成「暴走車」，帶上音響、滑板和遊戲機，到距離港島三十公里以外的新界、東涌、天水圍等地做外展服務。

「我們也知道，社工再怎麼裝，還是有社工的味道，」深宵外展隊的隊長 Hinnes 僱用曾經的邊緣少年當助理，他們或許會吸毒、加入幫派，但使用的語言更貼近少年，更容易與少年交心。更重要的，Hinnes 覺得這份工作能培養少年從未有過的成功感，「並不像是他（少年）說的，就是想當爛泥，是這個社會把他們 exclude（排除）了。」

儘管他們盡力找出少年，但所有的深宵外展隊伍也正面臨挑戰，「現在少年晚上都不出街了，他們都躲在家裡打機（遊戲）。」Hinnes苦笑著說，他們經常整晚在街上閒晃，卻找不到半個少年。

▼網路外展找出隱蔽的少年

「我們知道網路上也有一群邊緣的青少年，他們在學校讀書不開心，他不去學校，但他也沒有在街頭遊蕩，他們就隱蔽在家裡，白天睡覺、晚上打整晚的on-line game（線上遊戲），這是一個新的問題，他們很多還有mental health（心理健康）的問題。」倪錫欽近年將邊緣少年的研究重心，轉向網路上隱蔽的少年，主因是近年的香港學生自殺潮。

直到現在，香港人談起二〇一五年的開學日仍隱隱作痛。

那年開學首月，就傳出四名學生跳樓，其後青少年接連自殺，這波自殺潮在二〇一六年達到高峰，曾在九天內發生六起學生自殺。整理香港媒體報導，從二〇一五年至二〇一八年，香港共有一百一十七名學生自殺，其中超過六成是十八歲以下的青少年。

對於學歷不足，或沒有技能的少年來說，香港是個艱苦的地方。

香港的銀行業、保險業與房地產業，提供高薪的工作機會，大學學歷是職業的基本條件，但大學錄取率只有一八%，絕大部分少年都是這場競爭中的魯蛇（loser）。與此同時，香港的生活成本成為世界最昂貴的幾個城市之一，對收入僅滿足最低工資的少年來說，這是個巨大且日益增加的負擔。[5]

倪錫欽的研究發現，即便是中產家庭的孩子，也有愈來愈多隱蔽的情形。香港父母花在孩子身上的時間太少，兩個人都要輪班工作，平常跟小孩講不過三句話，開口就問考試成績。Janet也有類似觀察，她在蒲吧輔導過兩三個想跳樓的中學生，「她要讓父母知道是你逼我跳樓的，要讓她父母後悔，其實是很強的報復心態。」

香港的青少年看不到自己的未來，他們在父母的責罵聲中，躲回房間，關上門，持續隱蔽在網路世界中。

為了接觸隱身網海的少年，香港社會福利署從二〇一一年撥款成立三支網上外展隊伍[6]。「剛開始對網上外展一

協青社長期貼近邊緣少年，能夠看見少年的需求，建立一條龍式的服務系統。右起協青社社工蒲吧主任Janet、住宿主任楊卓華、協青外展隊長Hinnes。（攝影：陳朗熹）

點概念也沒有，找遍全世界也沒有相近的工作模式可以參考，」明愛會網上青年外展隊社工主任黃靜怡笑說，香港的網上外展是不斷debug（除錯）後做出來的。

他們一開始也在臉書（Facebook）上找人，用關鍵字「自殺」去搜貼文，發現少年們的帳號經常會因隱私的限制而搜尋不到，後來他們找香港理工大學開發搜尋引擎，但就算找到了有輕生念頭的貼文，卻常常晚了幾個小時。

最後，他們用最笨但最有效的方法，在臉書上瘋狂地加少年為好友，兩年內滾雪球地加了八千名少年，隨時打開臉書瀏覽他們的最新動態。

他們也在網上討論區找人，香港流量最大的高登討論區（類似臺灣的BBS），每日瀏覽量高達六百萬，且用戶年齡多在十五歲到二十九歲之間，是網路外展的主要工作區。

▼讓隱蔽的孩子現身

四年的網上外展經驗，黃靜怡發現網路上的隱蔽少年不同於街頭的邊緣青少年。她輔導過一個個案，少年經常在網路論壇發文挑釁，每次都是連珠炮髒話，罵得沒人敢回文，「我第一次看到他，他就是個很可愛的男生，眼睛大大的，穿著一件維尼熊的T恤。」靜怡說。

除了外表上與街頭少年不同，網上的少年因為隔著螢幕，反而更容易敞開心胸。「他們會直接告訴你，我就是很廢物、就是沒用，我什麼事都做不了。」靜怡認為在網路上，少年更容易向人吐露心聲。

但網上外展社工最大的挑戰，是如何將少年從網路世界拉到現實世界中。「我曾經有個個案，我在網路上跟他聊了一年，才能約他出來見面。」靜怡一開始在論壇看到憂鬱傾向的貼文，會主動私訊少年聊天，但如同其他隱蔽少年，他們的自信心普遍低落，少年不斷拖延與社工見面的時間。

不能每次都被動等待回應，靜怡在高登討論區發起「英雄聯盟」小組活動，她找香港電玩公司合作，宣稱要培養少年成為電競選手。果然，職業電競選手的前景，搭配這款全球最多青少年玩的電玩，一推出便吸引超過二百人報名。

這個人氣爆棚的活動被她稱為「掛羊頭賣狗肉」，她說：「我不關心他們電玩打的怎樣，會不會當電競選手……我們要用這個遊戲去吸引他們，去做engagement（參與）。」但這項活動剛推出時，她也聽到不少質疑，「去學校宣傳，或是跟他們的家長溝通，他們都會反問：『妳這樣不是讓他們更沉迷電玩嗎？』」靜怡一度擔心活動會辦不成，但當時社會福利署已通過「一筆過撥款」，三年的預算與個案量都在簽約時決定，執行過程政府不再干預，讓社工能發展創新的服務模式。

其實，臺灣也有完整的社會福利體系，但我們少了專職的外展社工，臺灣的青少年服務，一開始就在街頭斷了線。我們看不見弱勢少年的需求，也找不到方法拉近少年的心，最後，只剩第一線服務少年的社工獨自承擔挫折，責怪自己沒讓少年找回力量，在外包契約時程內，只能無奈地結案，然後政府繼續告訴自己，他們都過得很好。

（本文作者：簡永達；共同採訪：陳婉姍）

注釋

1 香港的邊緣青少年服務對象在六歲到二十四歲之間。

2 香港青少年犯罪人數，資料來源為香港警務處，統計二〇〇七年至二〇一七年被捕的青少年罪犯（https://www.police.gov.hk/ppp_tc/09_statistics/csd.html）。青少年吸毒人數，資料來源為香港保安局禁毒處（http://cs-crda.nd.gov.hk/tc/introduction.php）。

3 香港中文大學社工系教授吳夢珍在一九七五年發表《青少年犯罪成因報告》，這份研究奠定香港青少年服務基礎。她發現家庭關係、居住環境和學校是影響青少年犯罪的長期因素，建議政府開展家庭、學校和青少年服務。此後外展社工、駐校社工、家庭教育三大主要服務應運而生。

4 香港公共屋邨，簡稱公屋，由政府或民間NGO興建，出租予低收入居民，超過三分之一的香港居民居住在公屋。

5 二〇一六年香港公布《防止學生自殺委員會最終報告》，自殺學生六三%集中於高中，且八三%自殺學生會反應學習適應困難，或缺乏家人支持，因此報告書建議學校加強生涯規劃教育，且教育局應發展多元升學管道與就業途徑。

6 二〇一一年至二〇一五年，由香港社會福利署撥款，成立三支網上外展隊伍；二〇一五年之後轉由香港賽馬會慈善信託基金撥款，減輕政府財政負擔。

2 讓中輟生決定學什麼——南韓Haja Center為年輕人開創出專屬的自治區

在韓國首爾市中心的永登浦區，一間紅磚外牆的建築，時不時可以看到人們進進出出、牆上貼著創意十足的海報跟顏色鮮明的氣球裝飾，周圍的氣氛像是小市集般的溫馨、熱鬧。這是在韓國頗負名聲的另類教育機構：Haja Center。

起初，是一群對韓國主流教育深切反思的教育者，想為十六歲到二十歲出頭，不適應主流教育的中輟生創造的空間。在Haja Center裡，不分年級，全部學生一起上課、一起煮飯、一起出國見習。這裡的老師將自己定位成是跟著學生一起學習的「助理」，他們盡可能陪學生討論，讓學生自己決定要學什麼。

▼年輕人的暫時自治區

從一九九九年創立至今，接受過各種Haja Center教育[1]的學生，已經超過萬人。學生們畢業沒有畢業證書，但他們至今創立了九間各種類型的社會企業，像是文藝創作機構Noridan或Yori烹飪培育中心等；他們重新定義何謂成功。畢業後有的人繼續求學，更多是成為表演家、設計師、紀錄片製作者、NGO員工、社運人士、農民，或是回到Haja Center當老師。

過去幾年，Haja Center的實績被香港、北歐等國的實驗教育界看見，創辦人延世大學教授趙韓惠貞（Cho Han Hae-Joang）也受邀到各地演講。她曾提及Haja是年輕人的「暫時自治區」（Temporary Autonomous Zone），在這裡少年可以遠離陳腐的價值，創造新的可能。

我們專訪了「Haja Production School」的顧問李珍阿（Lee Jinah）[2]，讓我們可以窺見Haja Center給了弱勢和掉出主流體系的學生，在未來有什麼樣的可能。

以下是李珍阿的專訪，以第一人稱表述。

我是一個在東南亞出生的韓國人，高中畢業後，一九九四年回來韓國讀大學。在海外時，我以為韓國是個先進的國家，但到這裡之後才發現，並不是這個樣子，原來存在很多問題。

韓國是個高識字率的國家，大家都認為教育至關重要，因為社會跟你說學歷是必須的；學生進了大學後，發現根本只是高中狀態的延長。高中或大學畢業後，失業率高，很多年輕人只能在便利商店、在餐廳裡打工，一直處於工作不穩定的狀況，就像是個「惡性循環」（bad cycle），讓年輕人永遠無法真正地往上爬。現在很多年輕人都說韓國是「地獄朝鮮」[3]，就是不管你再怎麼努力，還是逃不出這個地獄。

也因為這樣，教育場所不再是教授學生知識的殿堂，反而變成一個讓學生相互廝殺的競技場。現在有很多學生不認同主流學校的教育，他們會說：為什麼我們只能學習他們要我學的東西，為什麼我不可以學我想學的？

▼學生為自己決定課程，才是挑戰的開始

一九九九年Haja Center剛創立時，韓國的另類教育風潮正在起步。那時候，有很多像趙韓惠貞教授這樣的知識分子認為，韓國應該要試著發展另一種教育系統。那時候就是韓國上下開始構思另類教育的起點。

一開始，我們收的是從主流教育裡出來的中輟生，但現在，這裡的學生大概有七〇％都是從小就在另類教育系統下長大的孩子，他們對於主流教育體系完全沒興趣。Haja Center目前有四間另類教育學校，學生人數大約一百人。

來到Haja Center的第一件事，你要告訴大家該怎麼稱呼你。在一般的學校裡，你必須稱呼每個人像是老師、先生、女士等稱謂。但我們決定不要這樣，我們不想被別人分級。像我的代號就是Ddeobi，我有同事叫豆腐，還有人叫作百事可樂，隨便你取。

為什麼從名字開始就不同？因為韓國是一個相當重視年齡長幼跟階層的社會，無論是在家庭、學校或是職場上，謹守分際不越矩相當重要，但過度的教條卻是韓國社會不公平的原因之一。我們認為「尊重」是更為重要的價值，在 Haja Center 裡沒有年級制，沒有學長學弟的概念。所以無論你是哪一年來的，我們全部都在一起上課，大家是平等的。

▼不為學生打分數，而是聊聊過得好不好

這裡沒有固定的課程內容，每年都不一樣。不像主流教育有制式的課本、固定編排的課程。我們不為學生打分數，我們只會在學期結束前，有一個星期的時間來檢視他們學到什麼，每門課程都會有深刻討論的時間；學生跟老師們會全部聚在一起，聊聊他們過得好不好？或是這學期的課程對他們個人以及對學校有什麼影響？我們應不應該在下個學期繼續進行這個課程？

Haja Center 打破了不少社會對教育的刻板印象。主流教育的人們甚至會把像我們這樣從另類教育出來的學生，看作是「教育叛軍」（rebels）。也導致常常有人會問說：「哇，那你們的學生一定很自由，想做什麼就做什麼。」但我們認為，在享受自由之前，必須先承擔責任。我們有固定的課程時間，每週二到週六是上課時間，每天早上十點開始一

直到晚餐結束，至於學什麼，是經過和學生的討論以及他們自己的抉擇。

我覺得去一般的學校上課說不定還比較容易，因為學校會精確地告訴你該做些什麼，記下老師教的東西。你不需要表達自己的想法，你根本不需要思考。

▼瞭解他地年輕人的憂慮

Haja Center也會帶學生到海外接受新事物的衝擊，甚至到外國瞭解其他年輕人正在面對的問題跟自己有何不同。我們之前去過泰國跟緬甸邊境美索（Mae Sot）的難民營，連續去了六、七年，我們一整個星期都跟難民還有緬甸移民生活在一起。

雖然一邊是緬甸到泰國的難民、一邊是韓國另類教育學校的學生，但是他們仍可分享彼此所面對的問題。我們的學生會跟他們解釋什麼是「地獄朝鮮」，而他們就會跟我們學生說自己成為難民的原因，以及

Haja Center就像年輕人的暫時自治區一樣，少年在這裡可以遠離陳腐的價值，創造新的可能。（圖片提供：Haja Center）

緬甸內部的族群衝突。

透過這樣的方式，Haja Center的學生可以直接瞭解到「難民」這個詞彙，它不再是個課本上的名詞，而是一位遠方和自己同齡的朋友。

在我們學校裡，雖然課程內容會一直改變，但我們都專注在三個關鍵字：氣候變遷／生態（climate change / ecology）、和平（peace）以及共同生活（living together）。「共同生活」是想讓大家知道我們並不孤獨，我們應該生活在一起。當我們說共同生活，並不是說跟家人、朋友一起生活，而是更大的想像。

舉個例子，現在我們有「都市耕作」的課程。在二〇一一年日本福島核災後，我們這裡的少年問說，為什麼要在地震這麼多的地方設置核能發電廠？核能無法回收再利用，核廢料對環境有這麼大的破壞，那為什麼還要持續使用核能發電？

因此我們一起研究核能發電是怎麼被製造出來的，為什麼要這樣使用等等。然後依照我們討論的結果，產生了都市農耕的想法，我們認為人們應該活在一個永續的環境中。

「和平」也是相當重要的概念，我在這裡教英文，但我們稱它為全球文（Globish）。我們有特別的人文教育課程、文化相關的課程，像是非洲舞蹈跟巴西卡波耶拉武術（Capoeira），讓學生視野更廣闊，更能接納世界上不同的文化。

▼學校是家、是給予溫暖的村落

另外，年輕人在這裡除了可以吸收更多知識上的養分，也可以獲得更多感情上的慰藉。Haja Center不希望這裡只是一間學校，應該更有包容性。趙韓惠貞二〇一二年在香港的演講中曾提到，學校不應只是學校，也要是家庭、親人甚至是庇護所。

社會要年輕人不斷埋頭讀書來獲得成功，但他們卻不知道怎麼在生活上照顧自己，同時，他們也不知道怎麼關心身邊的人。現在許多家庭都是雙薪，陪伴子女的時間變得更少。加上高度競爭的社會讓年輕人變得只在乎自己的成敗，反而讓他們和社會愈來愈隔絕、傾向孤獨。

在這裡除了年輕人之外，我們也讓很多不同年齡層的人們進來，讓少年重新與社會接軌。我們會舉辦活動，讓社區內的退休人士跟媽媽們參加，有些從社區來的小朋友都還在讀小學，他們下課就來這裡玩。我們想要在這裡創造出遊樂場（playground）的感覺，讓大家可以不時來這裡拜訪，讓年輕人學著跟他人互動，甚至互相照顧，這裡就像是個村落，是Haja村莊（Haja village）。

我們要的是一點一點地恢復社區的意識。因為我們知道，只靠培育幾位有才華的少年，無法改變年輕世代；必須靠社區的力量，才可以真正改變年輕人的困境。

我們最近有一個計畫，除了繼續推動原本的另類教育之外，也開始與政府合作，希望將更新穎的概念推入主流教育體系中。

▼停一停、想一想

Haja Center底下，四間另類教育學校的其中一間「Odyssey School」（奧德賽學校）比較特別，這間學校的學生全部來自主流教育的國中生。他們在畢業前，學校的老師就會問他們，「想不想在進入高中之前先停一停，過一年空檔年（Gap Year）[4]？如果有意願，你可以到Odyssey School上課。」

Odyssey School一個星期只有一天要上主流教育中的英文、國文（韓語）跟數學等課程，其他時間會教導像是如何修腳踏車、怎麼做木工、給你一些思考的技巧，或是教你怎麼跟他人互動，如何融入社會。讓年輕人對未來人生有些想像。

這個學校目前只有十七個學生，我們是跟首爾市政府合作；目前人數不多，是因為這對主流教育體系下長大的學生跟老師來說，都是很新的概念。有些老師會猶豫，是不是應該鼓勵學生嘗試。我們現在仍然到處推廣這個想法，想讓學生們知道有另一個選項存在。

推動這個計畫的首爾教育局長曺喜昖（Cho Hee-yeon）是個思考比較前衛的官員。他希望在推動這個實驗第五、六年之後，檢視這個方式對於現在高中生的未來，以及他們出社會工作時是否有所幫助。但這裡所說的「工作」，並不是指去三星或現代集團上班的工作，抑或當醫生或律師之類的職業，而是自己真正想做的事情，以及他們想要成為怎麼樣的人。

現在韓國的另類教育也到了需要反思與檢討的時刻。做為世界上平均網速最快的國家，社會變化的節奏也相當迅速，另類教育當然也必須因應時代變化，做出調整。

所以在這個社會裡，學習的意義到底是什麼？教育的意義是什麼？我們現在正處於討論我們需要怎麼樣的教育的關鍵點。我們到底可以做些什麼？我現在還無法說什麼樣的改變才是對的，但我可以說，我們都認為必須有所變革。

Haja Center的課程安排，不論怎麼變動，總會專注在三個關鍵字：氣候變遷／生態（climate change/ecology）、和平（peace）以及共同生活（living together）。圖為Haja Center青年高峰會最後一天的餐桌活動。（圖片提供：Haja Center）

Haja Center就是一直試著在閱讀韓國社會，希望可以趕在改變的一步或半步之前，調整自己，幫助年輕人適應社會的變遷。

（本文作者：楊智強、李雪莉）

注釋

1 除了全天學習的四間另類教育學校之外，Haja Center也推出各式短期課程，一天、三天或一週等，讓主流教育系統下的學生也可以在空閒時間參與。

2 李珍阿在二〇一八年跟Haja Center的幾位同事一起，在首爾的西北部建立了一間首爾市政府委託給延世大學辦理的另類學校，Seoul CoLab for Seven Generations，別名是Kurikindi Center。Kurikindi是南美原住民的神話，意思是在森林大火中，蜂鳥來回池塘取水滅火，雖然力量小但盡其所能。官網：http://krkd.eco。

3 高消費、高自殺率、低薪跟數不盡的社會不公義事件，讓韓國年輕人生活在高度壓力下，除了收入難以溫飽之外，連夢想未來成家立業的權利都被剝奪、難以翻身，如同朝鮮時代的封建體制一般。因此年輕世代出現了「地獄朝鮮」的字詞，用來形容現在的韓國社會。

4 空檔年（Gap Year）這個概念是從歐美國家開始流行，通常是高中學生畢業要進入大學以前，花一年時間在世界各地旅遊，想一想自己未來的計畫，再決定是否要繼續學業，或是直接投入職場。

3 給脫隊生家的溫暖——結合教育與社福系統的臺灣飛夢林

十七歲的小宇，白天是餐飲相關科系二年級的學生，放學後，他就到飛夢林咖啡館打工，九點和同事做完打烊清潔工作，便拉下鐵門，騎腳踏車回家，幫從小相依為命的阿嬤做資源回收到十一點，才結束一天的工作。

這樣對多數十七歲少年而言會感到辛苦的日子，對小宇來說，卻是追求了好久才獲得的踏實。

時光倒轉到四年前。

國中二年級的小宇經學校老師推薦和阿嬤的申請，來到飛夢林，他白天在「飛夢林學園」上課，夜間在「飛夢林家園」生活，週末才返家。

小宇從小就失去媽媽，國二時，爸爸和哥哥北上工作，只剩他和阿嬤一起生活，屋子裡只有一張床，其他地方堆滿了回收物，連站立的空間都沒有。

對國中老師而言，他是消極而沉默的邊緣人：沒有朋友、學習跟不上、作業不交、頻繁的曠課，幾近中輟；在家裡及學校都有令人頭痛的行為。

剛到飛夢林時，有好幾個月，小宇都畏縮在角落，憂鬱而不發一語，但他知道回家狀況不會比較好，也沒有想過要申請回家。

「我大概半年後才真正喜歡那裡的生活。」帶著陽光氣息的男孩小宇有禮貌地回應著，眼前的他和他生命故事的前半段：畏縮、憂鬱、躲在幽暗角落不發一語等形容，有很大的差距。

小宇說，國中畢業後離開飛夢林一年多，他還是很想念在宿舍的生活、晚上大家一起吃飯、睡覺的日子。過去在飛夢林，雖然學到一些烹飪技術，但到了咖啡廳，學習才更為扎實，「最大的學習是，禮貌上，我增加蠻多的。」

問小宇有沒有什麼夢想？他想了好幾秒：「我希望我可以促進家庭感情，和阿嬤之間達成共鳴。」這個四年前嗆阿嬤、怪阿嬤，和阿嬤關係極差的男孩，現在最大的夢想是希望努力修補和老人家之間的關係。

▼他們曾在《蒼蠅王》的荒島，獨自長大

飛夢林裡，住著許多像小宇一樣的少年，他們來到飛夢林前，都有過一段家庭撐不起、學校接不住的故事。

有人年紀很小就變得社會化，在賭場出入，一開始是跑腿，後來自己也下去賭；有

人在家裡得不到愛與關懷，就往廟會、陣頭中找尋認同；有人在父母離異後，拿到監護權的爸爸再娶，在從小長大的家中，突然變成「局外人」，常常連三餐都不知在哪裡。

在來到飛夢林前，他們就像活在《蒼蠅王》中的荒島上，試著自己長大。

「我們做的，是跟幫派、會館和毒品搶孩子。」羅汶欣說，飛夢林剛成立時，「孩子在哪裡，我們就在哪裡出現。」賭場、廟會、陣頭、釣蝦場、網咖，都有他們的身影。

位於屏東縣潮州小鎮的飛夢林已成立四年，名字取自「Family」的諧音，是合作式中途之家，是教育部為中輟生所設計的「中介教育」的類型之一，在學校之

飛夢林所招收的是失家及失學的少年，由教育和社福兩個系統合作，在2013年創立時是國內首見，不少亞洲區的社福團體到此參訪。圖為飛夢林的少年剛結束環島畢業旅行回到園內。（攝影：余志偉）

外，為失去家庭（或有家庭卻無功能）及失學的國中生（有少數國小高年級學生），提供適合的學習課程和一個「家」。

國內雖然有不少中介教育機構，但飛夢林的存在很特殊。它不像新北市平溪國中慈輝班是「校中有家」：在學校裡設立宿舍，學生的學習和住宿由學校一條鞭管理；也不像南投縣的陳綢家園「家中有校」：請學校老師來家園中上課，由家園統籌規劃晚上的住宿和白天的課程。

飛夢林是由屏東縣教育處設計適合孩子的課程，由社會處負責建構孩子失落的家庭照顧，學園和家園對等合作。教育和社福兩個系統合作，在創立當時是國內首見，至今也是唯一。

飛夢林招收因家庭失能而中輟、或瀕臨中輟的孩子。因為服務對象不是法院裁定必須安置的少年，沒有法律上的強迫性，所以孩子要來，必須自己看過學園而且不排斥，家長也必須提出委託申請。申請過後，孩子白天在學園上課，下了課，就回到家園過家庭生活，但學籍仍然在原本的學校，老師也會鼓勵孩子們回學校參與校慶、運動會、校外教學等活動，國中的畢業證書也是由原學校所發出。

飛夢林的模式在亞洲地區也很新穎，二〇一三年成立至今，到此參訪的組織包括國內各地學生諮商輔導中心、各社福機構或民間組織，還有來自香港、新加坡、馬來西亞的教育或司法機構。

▼人來了學校，心卻是空的

飛夢林，最初是源於一個基層教育工作者的心痛與無力，和微小的心願。

屏東市中正國中校長涂志宏在教育界二十幾年。他剛當國中老師時，因為身形粗壯、說起話來國語和閩南語夾雜、滿身「江湖味」，總是被派任訓導角色，在上千人的大學校裡，處理「問題學生」，涂志宏一個學期可以因打學生而用壞三十幾根粗藤條。

當時有個奇怪的男孩，常常來找他「討打」，他不解地問到：「為什麼你希望我打你呢？」男孩說，每次被打前，老師都會叨念幾句，他會覺得有人關心。後來涂志宏才知道，男孩沒有爸爸在身邊，和涂志宏互動的過程，即便挨打，也滿足了男孩渴望父親的心情。

天天面對這些孩子和家庭，涂志宏看見了眾人眼中的「問題學生」，其實是高離婚率、家庭失去功能、社區和家族力量不足，而被犧牲的孤單少年，「這些孩子幾乎沒有根，在廣大的世界裡飄渺、無處附著。」

他心疼少年們在生理、心理變化最大的時候無依無靠，懷疑生命、沒有自信。在學校，這群孩子在國小四年級（甚至更早）功課沒有跟上，就被放棄。積極反抗的，作業不寫、上課嗆老師；消極抵抗的，人來了學校，心卻是空的，安靜坐著，沒有任何學習的熱情。

涂志宏看著這些孩子，學校老師無暇理會，課程也無法顧及他們的需求，中輟離開學校後更是飄零。他問自己：他們需要什麼？

差不多在那段時間，涂志宏和時任屏東縣長的曹啟鴻聊天：「我想去考校長。」他說，如果考上了，希望縣長給他一塊地、一筆經費，讓他辦一所學校，接住這群被主流教育甩出來的孩子，讓孩子不但身在學校（不中輟），而且「真的有在學習」。

曹啟鴻將涂志宏的話記在心裡，在涂志宏當國中校長的第二年，曹啟鴻打電話給涂志宏：「地有了。」他們找了幾個理念相近的老師，和當時的教育處長顏慶祥（現任國立中山大學教育學研究所客座教授）規劃了學校課程。

但是放學後的晚上呢？很多孩子是有家歸不得或根本無家可歸，只有白天「學園」的課程並不夠，學校很難取代家庭的功能。當初的社會處長吳麗雪找到「善慧恩社會慈善基金會」承辦飛夢林的「家園」，提供了屬於家的溫飽、關心與愛。

▼教會比教完更重要

飛夢林位在屏東縣潮州鎮上，一塊七甲大的國防部陸戰隊軍營，這裡曾是八八風災後居民的暫時居留處；風災後半年，居民搬到永久屋，縣政府便移給飛夢林使用，當時這還是個孕育中的概念。

九月初剛開學，時序已經入秋，但南臺灣的太陽還是夏日狀態，在園區走上五分鐘，就足以讓人滿身大汗。

由軍營改成的教室很大，空蕩蕩的，只有一張黑板、六張桌椅，上課時電風扇嗡嗡地吹送著熱風。教師梁曉毅在教授理化課的「水溶液」單元，黑板上寫了密密麻麻的板書，學生跟著抄，遇到不會的字就問，「食鹽水的『鹽』怎麼寫？」

這堂課和你能想像的理化課很像，並沒有特別活潑，不同的是，相較於一般課堂，梁曉毅用上大量板書要學生抄寫，她解釋，「他們從小沒什麼機會拿筆寫字。」

在飛夢林，學科學習是在符合課綱架構下最少時數的課，配合大量的技職與體育學程，希望能早日培養起孩子的信心與紀律，並擁有一技之長。圖為飛夢林的體育課程。（攝影：余志偉）

然後一一細數每個學生的學習現況，跟得上或跟不上，需要什麼樣的學習。

四十分鐘的課，梁曉毅只講解一個觀念，講得很慢，透過不同的題目反覆練習。要學的觀念、使用的計算都算簡單，卻需要運用閱讀理解能力讀懂題目。老師帶著學生一題一題解，「這個我知道！」「喔！」，這是學生表達「懂了！」的興奮發語詞，在場四個學生中有三個都跟得上，並有種「闖關晉級」的愉悅感。

看著這些投入學習、和老師互動良好的孩子，很難想像，他們或曾是走路有風的混混，曾在宮廟待過好長時間，或曾放火燒了家裡的衣櫥；他們臉上，已不是過去防備與憤怒的線條。

「被友善對待和看重，是身而為人的重要需求。」涂志宏說，只要孩子在飛夢林待過一陣子，回到原學校參加活動，原本的老師都會很訝異：「這是我們的孩子嗎？」孩子臉上的放鬆和自信是之前沒有的。

攤開飛夢林的課表，很清楚的兩個學習區塊：上午學科、下午技藝和戶外課程。

飛夢林的學科學習，是在課綱架構下上最少時數的課。老師們的共識是，慢慢上，教會比教完重要，「孩子會認定：『我就是智商低、比較差！』」學園主任曾智強說，學科學習要教給孩子的，除了基本學力，還有學習態度與信心，希望在過程中帶給學生「我學得會」的經驗。

下午則是大量的技職課程，穿插著體育課程。曾智強說，飛夢林的孩子比一般孩子更早面對就業與自立，可能國中一畢業就得養活自己。技職課程及考照，讓他們培養一技之長，取得未來工作的能力；而體育，像是打球、長距離的單車挑戰、長途遠征的課程，都能培養孩子們的安全、自信、團隊與紀律。

我們問其中一個八年級孩子：「你以前在學校上課，也像今天上理化課那樣嗎？」他說：「沒有，我都在睡。」

問他為什麼？「都聽不懂，我不知道老師在講什麼。」來飛夢林就聽得懂了嗎？「老師會慢慢教，」他淡淡地說：「我發現沒有那麼難。」

▼在這裡建構對家的想像

放學後，孩子到對面的光春國中籃球場打球，滿身是汗地回到家園。傍晚的「小家」，孩子洗澡完，有的在洗衣服晾衣服、有的躺在床上滑手機、有的窩在客廳的沙發看電視，做各自的事情。

晚餐後，孩子開始打掃的工作，有些人洗碗、有些人掃地、收拾。

飛夢林有三個「小家」，一個小家最多住八個孩子、搭配三位生活輔導員，有自己的臥室、廚房、浴室、客廳等空間。飛夢林家園院長羅汶欣解釋，飛夢林的孩子來自犯罪、吸毒、破碎、沒有照顧功能的家庭，孩子即便有家長，但他們「出生以來看到的就是吸毒酗酒的爸爸，對於一般的爸爸沒有想像」。

羅汶欣憶起她曾訪視過的一個家庭。叔叔是孩子的主要照顧者，酒駕緩起訴在家，沒進監獄是因為要照顧八十幾歲的老阿嬤，以及這個未成年的孩子。這個家，除了老阿嬤和這個孩子，其他全都進過監獄。訪視時叔叔一直對孩子說：「愛學較好咧（你要學好一點）」、「你愛較乖咧（你要乖一點）」。孩子的爸爸，那時正因違反《槍砲彈藥刀械管制條例》在監獄裡服刑。

「在一個全家都吸毒、進監獄的家長大，他怎麼會懂什麼是『好』和『乖』呢？」羅汶欣感嘆。

飛夢林的這個「家」，不僅給孩子生活上的照顧，吃飽穿暖，藉由大哥哥大姊姊或老師像家人般的陪伴，提供了孩子對家的想像和溫度。

「我在這邊很好，因為半夜發燒時，老師會來摸摸我的額頭。」這是七年級的阿齊在入園後半年說的。阿齊是新住民之子，從小目睹爸爸打媽媽；一般家庭常有溫暖摸頭的動作，他到十三歲才感受到。

羅汶欣希望，一般孩子在家庭裡擁有的，飛夢林的孩子也可以有。週一晚上，孩子們還可以去逛夜市，「我們會發零用金，一半強制儲蓄，另一半讓他們有機會花用，像一般的孩子，去夜市可以買想喝的飲料零食。」

家園經過設計，讓孩子從「家庭的日常」中學習社會互動、財務管理，也要做家事、學友愛和分工。

廚房的空間也經過調整。羅汶欣認為，廚房不該只是廚房，應該還可以是教育場所。她與基金會董事長彭春貴另外募款，逐步將原本簡陋的家用廚房升級為中餐、烘焙等專業設備兼具的技藝教室，每週有一個晚上請老師為孩子上課，讓孩子有充分練習的機會，考取丙級技術士證照，為將來的自立生活做準備。

▼服務跟著孩子一起「長大」

成立數年下來，飛夢林給了體制內的

有些孩子離開飛夢林後，無法回到原生家庭，也沒有自立能力。為了協助孩子們自立，飛夢林開設了原不在規畫內的「飛夢林青年咖啡館」，希望幫助他們取得真正的謀生技能及學習職場的進退應對。圖為飛夢林青年咖啡店長吳函靜(左)與員工張育明。(攝影：余志偉)

教育很多的刺激。

「他們在原有的遊戲規則下是『魯蛇』，是被打趴的，但在飛夢林，幫他設立目標：『你要拿兩張證照！』，多數孩子做得到。」涂志宏任期結束後又回到一般的公立國中擔任校長，他很感慨，孩子就像在海上航行的船，當看見前方有小島，只要再努力一點就可以達到時，他們通常就願意努力，在足夠的陪伴與合適的帶領下就能到達。

「我們在體制內，應該要為『每個孩子』設定屬於他的目標。」涂志宏說。

飛夢林的確提供了很多當初所期待的服務，但也常感到力有未逮，於是衍伸出許多「不是規畫內」的服務，包括咖啡廳和青年宿舍。

飛夢林服務的孩子是國中生，畢業後就必須離園。離園的孩子有一半以上，因為被照顧與關愛，養成了好的生活及學習習慣，上了高中之後狀況改善很多。但另一半呢？畢竟一到三年不等的照顧，比起生命過去十幾年的創傷來說還是太短暫了。

羅汶欣說，部分孩子離開飛夢林後，無家可歸也沒有自立能力，「又被打回原形」——他們的家庭環境未改善，也沒有住的地方；他們沒有進到適合的高中職，很快就離開學校，又投入陣頭或幫派；他們沒有自立的能力，於是鋌而走險，從事遊走法律邊緣的工作。

為此，善慧恩慈善基金會開設了「飛夢林青年咖啡館」，大量聘用飛夢林的孩子，讓他們在工作中真正學會謀生技能，不只烹飪的專業技術，還有職場裡的進退應對。

飛夢林曾照顧過兩兄弟，哥哥離園那年，爸爸因躲債行蹤不定，相依為命的阿嬤過世，兩兄弟成了沒親人沒家的孩子，彭春貴不忍心，自籌經費在屏東市區成立了「飛夢林青年宿舍」，只有具社工背景的宿舍管理員，沒有生活輔導員，低度管理，供離園後無家可歸的孩子住宿，讓他們直到高中職畢業有地方可住，能安心完成學業。

南臺灣這塊七甲大小的地，曾經是無家可歸的風災災民「暫時的家」，這些年成為中輟或瀕臨中輟的孩子「暫時的家」，讓這群在主流裡被甩出來，無法跟上隊伍的孩子，得到真正的學習。

「體制這個部隊，共同規範太多，部隊行進講求效率，不是每個孩子都適合部隊的移動，他勉強在走，走不動就被甩出來。」涂志宏說起飛夢林創建的初衷，「這些孩子身上有傷，他需要小一點的水盆，原來的大池子不適合療傷。這群孩子需要慢工出細活的對待。」

飛夢林在主流教育的「大部隊」中創造了一支「小部隊」，接住了脫隊的孩子。孩子不是跟不上，只是需要不同節奏的「小隊伍」，等待與陪伴他們。

（本文作者：張瀞文）

結語

看見廢墟少年之後

◎李雪莉、簡永達

「我從來沒想過，有一天能夠站在這裡，講我們的故事。」陳旺德的聲音有些顫抖，他在立法院的公聽會上發言，臺下的聽眾有監察委員、立法委員、衛福部、教育部、司法院官員以及許多從事青少年社會工作的專家學者。

二〇一七年十一月一日，《報導者》推出「廢墟裡的少年」深度專題，揭露臺灣高達兩萬名高風險家庭裡的少年，因家庭失能、社會資源未逮，不僅成為從事高危險行業的童工，部分少年甚至被利用，淪為犯罪人口，此報導一出，即引起廣大迴響。

一星期後，立法委員劉建國與李麗芬邀請《報導者》，共同召開公聽會。由於這系列報導，我們希望由少年主訴自己的故事，也採訪、接觸了數百名少年少女；所以在公聽會邀請與會者時，自然也希望能有少年在立法院公聽會上，為自己發聲。

立法院的氣氛很嚴肅，是各利益團體辯論和權衡政策的場域，對少年而言，要站上這個舞臺說話，並不容易。

當天，我們做了些嘗試，包括一開場播出《報導者》製作的少年工人土豆的紀錄片，也邀請曾在安置機構生活十三年的陳旺德發言。旺德事前很認真擬稿，雖然有些緊張，說話不是那麼流利，但旺德吐露的一字一句都像有千擔重，他說離開安置機構後，就得斤斤計較每一分錢該怎麼花，曾經很長一段時間對未來不抱希望。他在一群官員面前，說著貧窮與安置機構的生活，如何讓他曾感到自己毫無價值。

在立院「看見」並「聽見」底層少年的心情和想法，這是官員們很少有的體會。

在貧窮邊緣苦苦掙扎的少年，他們的生命價值與其他家庭資源充足的少年，不應該有差異，但這群弱勢少年卻很少被有權者真正「看見」。

雖然臺灣擁有大量的新聞和網路媒體，我們每天被海量的資訊淹沒，但人們處在自己的同溫層裡，對貧富落差漸大的社會實況卻懵然不知。我們當時將「廢墟裡的少年」授權平面媒體《今周刊》以封面故事的形式刊載，印象很深刻的是，出刊的那一週，《報導者》接到不少來自雜誌端中小企業主的來信和電話，希望我們能提供少年機構的名單，他們之中有人提到要贊助組織，也有人想為文中的幾個孩子提供獎助學金，幫助他們讀到大學畢業。後來有人真的捐了不少硬體設備，包括車輛和樂器。

當底層少年的處境被「看見」時，就像見著別人的苦難，臺灣社會總湧出滿滿的愛心。但是，多數善心只是「一次性」的投入。

一開始，我們也覺得協助少年讀書、提供一份白領的工作，是件很美好的事，於是我們把這些善意傳達給需要的少年。但少年們的回應卻是：「去讀書的話，那誰來養我」、「我還能回到學校坐在書桌前嗎？」、「白領的工作我應該坐不住」……

少年的處境艱難，需求也遠比我們所想的複雜，不是把所有中產世界的成功經驗套用在他們身上就可以了，相反的，這群少年需要生活、教育、職業、理財整體的協助方案。因為這群少年的生活方式和節奏，很早就不在主流社會的軌道上，他們可能不善於人際互動，他們不一定有最基礎的學力，也可能沒有良好的生活習慣。但因為他們年輕，如果能早點提供一個健康的環境，他們就有機會重新開始。

目前政府跨部門在協助少年的政策上，仍沒有一個全面性的整合，目前的做法是用分割的概念，從一個兒少成長的歷時性過程切入，把照顧的責任分割給教育部、青年署、衛福部、勞動部、法務部；用「年齡」、「行為」，以他們是否在校，有無「非行行為」，來提供對策。但隨著孩子最早生活的單位——「家庭」提早的解離，這群孩子很早就與其他有完整家庭的孩子，遭逢不同的生命階段和處境。當他們面臨更複雜的環境時，我們無法再以中產想像的解方，或是如目前政府部門所習慣的，被動地等待問題上門。

在我們接觸和訪談教育部的過程，官方總認為造成中輟中離的主因，是孩子們「學習興趣不符」；而問到國高中生若是得提早工作，跨部門如何協助？教育部的說法是「這涉及個資，如果需要，青年署可以跟我們要中輟生資料。」；勞動部官員則對民間協助少年就業的團體說，「只要把孩子帶來政府部門，我們都有資源可以提供協助。」

這些回應某種程度點出了跨部會之間的資訊毫無流通、政策未彼此銜接，顯然底層少年的議題，向來不是政府關注的核心。

但不被臺灣政府重視，卻是目前國際人權委員最關注的議題之一。

二〇一七年十一月，臺灣首度邀請國際委員來臺，審查《兒童權利公約》落實的情況。「廢墟裡的少年」專題受到國際委員們的關注，特別是少年在長工時、高危險的條件下工作，以及這對於他們健康與人格發展的危害。國際委員建議臺灣政府應調查遭勞動剝削的少年人數，針對有就業需求的少年，應為他們培養一技之長，提供更多就業上的協助。

因為《兒童權利公約》的精神不只在保護，還必須為少年培力；兒少權益並不是私領域的議題，政府應盡力削減家庭對少年帶來的負面影響，讓每位少年發揮所擁有的潛力，讓他們對自身的未來仍懷抱希望。

政府殘補式和分割式地解決少年的困境，但民間團體則努力尋找適當的途徑，培力少年。在家庭崩解之際，底層少年們需要更多大、小環境的整體支持，且絕不單是金錢、物質這麼簡單。那有什麼方向，是我們可以一同努力的？

此書試圖挖掘底層少年的結構問題和需求，也試著提出幾個創造性的解方：

▼鼓勵與少年相處時間最長的老師們，有意識地給予家庭有狀況的少年更多關心和信任，提早拉少年一把。

▼若少年有亟早自立的需要，公私部門得創造可以容留的空間，讓他們安心生活且持續學習。

▼離校的少年，需要長期穩定陪伴的社工，陪伴他們找工作、投履歷。政府應讓社工有更長的時間，來等待少年改變契機的出現。

▼目前大量外包和約聘僱的社工和生輔員，流動率極高，政府必須建立良好的制度與環境，給助人者更多訓練和工具，讓他們得以真正將能力帶給困住的少年及家庭。

▼當社會一直在談各種實驗性的教育，實驗教育的光譜上，應該思考為底層少年撐出實驗教育的空間。特別是提供技藝性的老師和師傅，以及啟發少年們學習的興趣與動能、給予資源，培養他們帶得走的能力。

▼以社區為基底，讓更多民間團體彼此協作，避免少年從熟悉的環境被連根拔起。

▼鼓勵更多雇主看重學習潛能而非學歷，同時從社會企業的角度，願意花時間與資源，等待少年並提供有前景的工作。

當然，民間團體已有不少的努力，包括：臺少盟的祕書長葉大華多年來不斷要求政府規劃完整的弱勢少年就業政策，包括設置專責的就業輔導單位與人力；善牧少女家園的主任陳怡芳教導離院少女在社區租屋、求職跟儲蓄，為離開安置機構的生活做好準備；張秀菊基金會的熊爸在中部嘗試連結中小企業，替少年培養一技之長。

除了對底層家庭和少年們有同理，我們期待讀者閱讀此書後，能為他們共同思考可能的出路。

從採訪到這本書問世，大約經歷近兩年的時間，我們仍與許多曾受訪的少年少女們保持聯繫。書中的少年有些踏上比較好的方向，但更多的仍困在生活之中：像土豆最終仍未能如他希望的，離開農藥代噴的工作；離開安置機構的之翰，在失業兩個多月後，只能找到貨運大夜班的揀貨員工作；在獄中的阿國個性溫和，卻在假釋前夕，動手毆打同房的獄友，他寫信告訴我們，不知該怎麼面對出獄後的生活。還有當時在多明尼加做詐騙但安全脫身的少年，如今滿二十歲，他現在要扶養不滿兩歲的兒子。某些夜裡，少年會丟訊息來諮詢我們他的職涯發展，但我們實在很難開口要他丟下工作與家庭，拋下生活的責任和重擔，重新進修一技之長。

在他們的圈子裡，起作用的是少年們的朋友互助群體，工作、借貸、情感都是，但也因為圈子太小，他們其實沒有額外的資源，好好改善生存的處境。

將少年的世界與周遭更大的世界連結起來，才是拉他們離開泥沼的關鍵。

少年和需要受保護的兒童不同，他們必須自立，他們必須擁有活下去的能力，重建自信和自尊是個為時數年的緩慢過程，我們要能創造啟動的點。就像開頭提到的陳旺德，旺德在過去一年，開始上節目也接了些演講邀約，他考上社工所，決定要為更多在安置機構裡的少年發聲。

走出廢墟，需要的不只是個人的意志，更需要社會的看見、協力與信賴。

希望這本書的分享，能成為一個小小的契機，讓更多讀者看見廢墟少年的艱辛，進而理解少年的不幸來自背後更複雜的結構問題；更重要的，讓我們重新檢視社會更根本的價值以及現行的安全網政策，不要製造與複製更多的廢墟少年。

島嶼新書

35

廢墟少年

被遺忘的高風險家庭孩子們

作者——李雪莉、簡永達
攝影——余志偉
副總編輯——洪仕翰
責任編輯——莊瑞琳、夏君佩、宋繼昕
行銷總監——陳雅雯
行銷企劃——趙鴻祐、張偉豪、張詠晶
封面設計——陳永忻
內文排版——黃暐鵬

出版——衛城出版／左岸文化事業有限公司
發行——遠足文化事業股份有限公司（讀書共和國出版集團）
地址——二三一四一 新北市新店區民權路一〇八－三號八樓
電話——〇二－二二一八一四一七
傳真——〇二－二二一八〇七二七
客服專線——〇八〇〇－二二一〇二九
法律顧問——華洋法律事務所 蘇文生律師
製版——瑞豐電腦製版印刷股份有限公司
初版一刷——二〇一八年九月
初版十三刷——二〇二四年三月
定價——三八〇元

In Their Teens, In Their Ruins

國家圖書館出版品預行編目資料

廢墟少年：被遺忘的高風險家庭孩子們／
李雪莉、簡永達作
.－初版.－新北市：衛城出版：遠足文化發行，2018.09
面； 公分.－(島嶼新書；35)
ISBN 978-986-96817-6-6（平裝）
1.兒童保護 2.青少年問題 3.社會工作
578.13　　　107013060

本書線上讀者回函

ACROPOLIS 衛城

EMAIL acropolis@bookrep.com.tw
FACEBOOK http://zh-tw.facebook.com/acropolispublish

● 親愛的讀者你好，非常感謝你購買《廢墟少年》

請於回函中告訴我們您對此書的意見，我們會努力加強改進

若不方便郵寄回函，歡迎傳真回函給我們。傳真電話02-22188057

或是到衛城FACEBOOK填寫回函

http://www.facebook.com/acropolispublish

● 讀者資料

你的性別是 □男性 □女性 □其他

你的職業是 ______________________

你的最高學歷是 ______________________

年齡 □20歲以下 □21~30歲 □31~40歲 □41~50歲 □51~60歲 □61歲以上

若你願意留下e-mail，我們將優先寄送衛城出版相關活動訊息與優惠活動

____

● 購書資料

請問你是從哪裡得知本書出版訊息？(可複選)

□實體書店 □網路書店 □報紙 □電視 □網路 □廣播 □雜誌 □朋友介紹

□參加講座活動 □其他：

● 是在哪裡購買的呢？(單選)

□實體連鎖書店 □網路書店 □獨立書店 □傳統書店 □團購 □其他：

● 讓你燃起購買慾的主要原因是？(可複選)

□對此類主題感興趣 □參加相關活動後，覺得好像不賴

□覺得書籍設計好美，看起來好有質感！ □價格優惠吸引我

□受圖像風格吸引 □其實我沒有買書啦！這是送(借)的

□其他：

● 如果你覺得這本書還不錯，那它的優點是？(可複選)

□內容主題具參考價值 □圖像作品值得收藏 □書籍整體設計優美

□價格實在 □其他：

● 如果你覺得這本書讓你好失望，請務必告訴我們它的缺點(可複選)

□內容與想像中不符 □印刷品質差 □版面設計影響閱讀 □價格偏高 □其他：

● 讀完此書後，是否讓你想要進一步瞭解更多社會議題或是表達自己對於社會議題的看法。

□是 □否

● 書中那一篇的作品讓你印象最為深刻？

____

● 如果你發現書中錯字或是內文有任何需要改進之處，

請不吝給我們指教，我們將於再版時更正錯誤

____

____

廣　告　回　信
板橋郵局登記證
板橋廣字第1139號

請直接投郵，郵資由本公司支付

23141
新北市新店區民權路108-2號9樓

衛城出版 收

● 請沿虛線對折裝訂後寄回，謝謝！

ACRO POLIS 衛城

島嶼新書